NUEVO

Vamos allá 4e

LV2 A1-A2

Conforme au nouveau CECRL 2022

2e année

Coordination pédagogique

Arnaud Hérard

Cité scolaire Lakanal, Sceaux
Académie de Versailles

Marion Béatrix

Académie de Créteil

Emmanuelle Fostier

Lycée Jean Vilar, Meaux
Académie de Créteil

Cristelle Gutiérrez

Collège Camille Claudel, Villepinte
Académie de Créteil

Pascale Pérez

Collège Pierre Darasse, Caussade
Académie de Toulouse

Avec la collaboration
d'Hélène GOULAS

didier

Remerciements

Les auteurs et l'éditeur remercient très chaleureusement tous les enseignants qui, en participant aux études sur notre méthode, ont partagé leurs expériences, leurs attentes et leur avis toujours éclairé.

Solène Quéruau Lamerie (collège Saint Charles)
Marine-Flore Gallin (collège Pasteur)
Samira Bouti (collège Jean Moulin)
Martha Marulanda (collège Buffon)
Andréa Lagon (Institution du Sacré-Cœur)

Un grand merci aux plus de 2000 collègues qui suivent la page Facebook *Vamos allá* et y interagissent.

Nombre: ....

Apellido: ....

Clase: ....

Tengo clase de español los:

lunes	martes	miércoles	jueves	viernes	sábado	domingo

Los .... no tengo clase de español.

Où trouver **les ressources** de NUEVO Vamos allá 4e

Apprendre une langue, c'est l'**écouter**.
Plus tu entends une langue, plus elle devient facile à comprendre.

Pratique-la aussi en faisant les **exercices interactifs supplémentaires** de vocabulaire et de grammaire que nous te proposons.

Où trouver les ressources ?

(audios, vidéos, exercices interactifs et flashcards)

3 façons d'y accéder :

Va sur le site didier-clic.fr et écris le code de la ressource que tu as repéré.

ENTREZ LE **CODE DE LA RESSOURCE**
23va4101
ACCÉDER À LA RESSOURCE

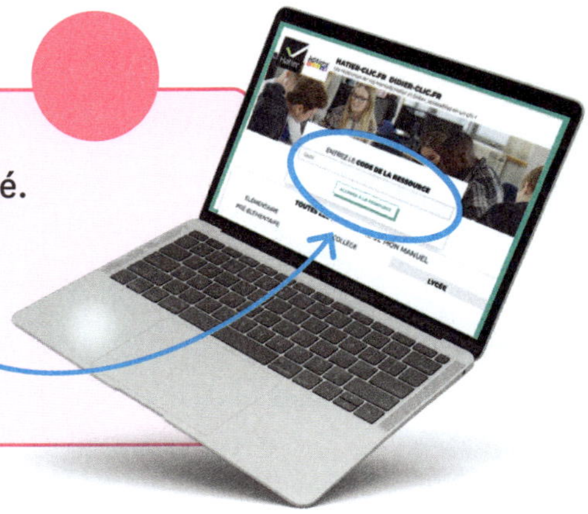

Flashe ce QR-code pour retrouver l'ensemble des ressources en ligne.

Tu peux aussi y accéder à cette adresse : didier-clic.fr/2346084
Mets-la dans tes favoris !

Si tu as le manuel-cahier numérique, il te suffit de cliquer sur les pictos des ressources.

- Audio 23va4313
- Vidéo 23va4301
- Flashcards 23va4317
- Exercices supplémentaires 23va4318

EN EL AULA HAY...

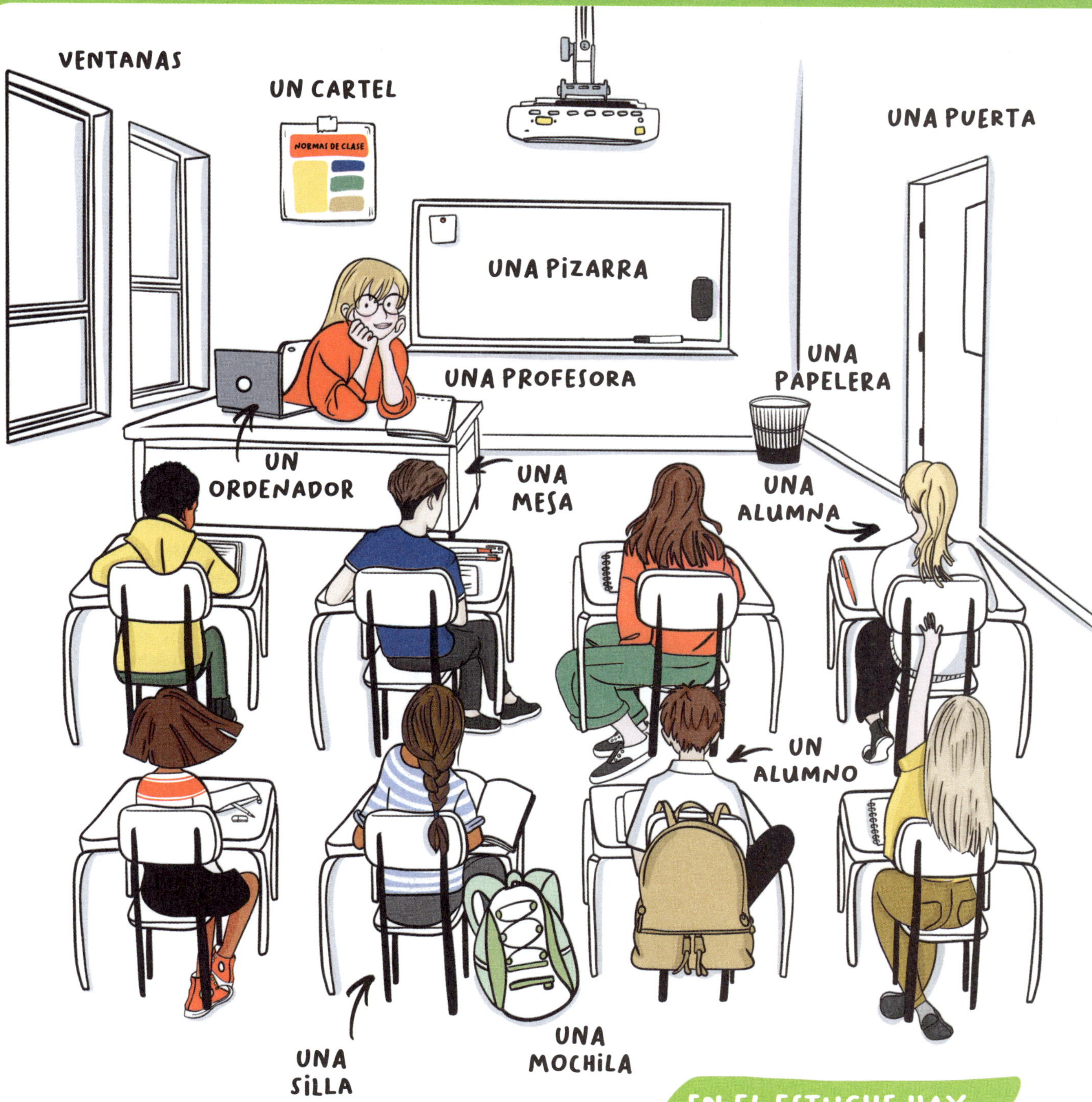

EN EL ESTUCHE HAY...

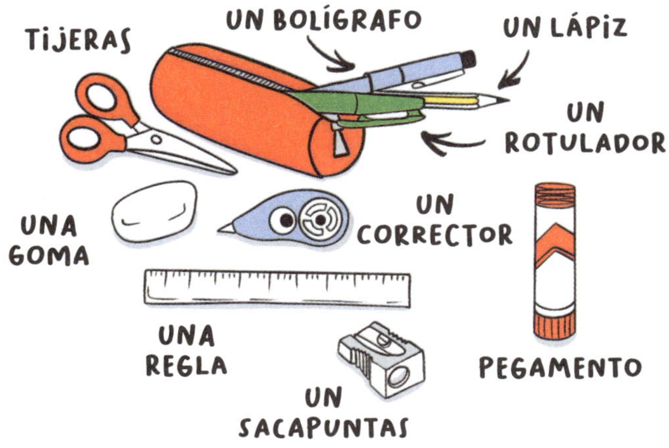

VOCABULAIRE	GRAMMAIRE	PRONONCIATION	PROJETS	
• L'identité (aspect physique, caractère, nationalité) • Les habitudes quotidiennes • La diversité culturelle	• REPASO Le verbe *SER* • REPASO Le verbe *GUSTAR* • REPASO L'heure • REPASO Le présent de l'indicatif • REPASO Le verbe *ESTAR* • REPASO La diphtongue • Les adjectifs démonstratifs	• La prononciation des lettres	Créer un poster sur une célébrité hispanophone et son pays.	**Évaluations** réservées aux enseignants
• Les aliments • Le régime méditerranéen • La cuisine et les repas	• L'exclamation avec *qué* • L'impératif à la 2e personne • Le superlatif absolu • REPASO Une traduction de "on" : *se* + verbe	• L'intonation • Le catalan	Représenter une épreuve de Masterchef Junior.	**Évaluations** réservées aux enseignants
• Les parties du corps • Les problèmes de santé • Deux types de médecine	• Le verbe *DOLER* • Le présent du subjonctif • REPASO La comparaison • *No* + présent du subjonctif	• L'accent tonique • Une particularité de l'accent bolivien	Réaliser une vidéo type TikTok sur une maladie imaginaire.	**Évaluations** réservées aux enseignants
• Les voyages • La météo • La ville	• Le futur des verbes réguliers • Le futur des verbes irréguliers • L'apocope de *grande* • REPASO Le superlatif relatif	• Le son de la "jota" • Une particularité de l'accent andalou	Préparer et présenter un voyage de fin d'année.	**Évaluations** réservées aux enseignants
• Les animaux sauvages • L'environnement • La nature	• L'obligation impersonnelle • REPASO Les nombres et les pourcentages • *QUERER que* • L'expression de la manière (gérondif)	• Les mots en "-ico" • Une particularité de l'accent costaricain	Créer et lire un texte pour la voix-off d'un reportage sur le Costa Rica.	**Évaluations** réservées aux enseignants
• Les moyens de communication • Les réseaux sociaux • Le *silbo gomero* et les îles Canaries	• Les verbes sans préposition • L'imparfait de l'indicatif des verbes réguliers • REPASO La différence entre *SER* et *ESTAR* • L'imparfait de l'indicatif des verbes irréguliers	• Le "i" avant une autre voyelle • Une particularité de l'accent canarien	Rédiger un dialogue entre une grand-mère et sa petite-fille.	**Évaluations** réservées aux enseignants
• Les loisirs • Les relations amicales • Les émotions et sensations	• REPASO Les verbes du type *GUSTAR* • L'expression du but (+ subjonctif) • L'article neutre *lo* • L'expression de la nécessité (+ infinitif)	• La lettre "g" • Une particularité de l'accent du Río de la Plata	Préparer *el Día de la amistad* et l'organiser au collège.	**Évaluations** réservées aux enseignants

Axes du Programme de Cycle 4 ✔ Voyages et migrations ✔ Rencontres avec d'autres cultures

Unidad 1

Un mundo de riquezas

¿Qué comparten los hispanohablantes?

Dans cette unité, nous allons :

- présenter quelqu'un et nous présenter,
- décrire un programme quotidien,
- indiquer l'origine de quelqu'un,
- comprendre ce qu'est le patrimoine de l'UNESCO.

Nous partirons à la découverte :

de célébrités hispanophones, de pays d'Amérique latine et du patrimoine de l'UNESCO.

Nous allons revoir :

- **lexique :** la présentation, les activités,
- **grammaire et conjugaison :** le présent de l'indicatif, les verbes *ser*, *gustar*, *estar*, la diphtongue et l'heure.

Mon projet :

Créer un poster sur une célébrité hispanophone et son pays.

À la fin de l'unité, je serai capable de...

- Comprendre l'identité et les goûts de quelqu'un.
- Appréhender la diversité culturelle des hispanophones.
- Dialoguer à propos du Patrimoine de l'Unesco.
- Détailler mes habitudes quotidiennes.

Publicación de Marcela Peraz (influencer salvadoreña), 2022

Patrimonio cultural inmaterial o natural de la UNESCO

El patrimonio de la UNESCO

Pourquoi faut-il préserver et transmettre l'héritage du passé?

L'UNESCO (Organisation des Nations Unies pour l'éducation, la science et la culture) identifie, protège et préserve certains **biens culturels, naturels et immatériels** considérés comme ayant une valeur exceptionnelle pour l'humanité. L'Espagne et le Mexique font partie des dix pays qui ont le plus grand nombre de biens classés. Il y a des biens protégés par l'UNESCO dans tous les pays hispanophones.

¡Ya lo sé!

Vemos banderas de:

◯ países hispanohablantes ◯ países de América Latina ◯ países de Europa

LECCIÓN 1 ¡Ya lo sé!

¿Cómo eres y qué te gusta?

- ✔ Présenter quelqu'un et se présenter
- ✔ Le verbe *ser*
- ✔ Le verbe *gustar*

Publicación de Darena_22 (dibujante venezolana), 2022

el Minuto cultural

En las publicaciones de Internet y los SMS, es muy común ver el signo de exclamación o de interrogación solo al final de las frases.

VOCABULARIO

Audio 23va4101

- **los ojos:** *les yeux*
- **el pelo:** *les cheveux*
- **alto(a) ≠ bajito(a):** *grand(e) ≠ petit(e)*
- **callado(a) ≠ hablador(a):** *réservé(e) ≠ bavard(e)*
- **creativo(a):** *créatif(ive)*
- **delgado(a) ≠ gordito(a):** *mince ≠ enrobé(e)*
- **divertido(a):** *drôle*
- **perezoso(a):** *paresseux(se)*
- **trabajador(a):** *travailleur(se)*

Observa

1 a. Observa la chica de la imagen y subraya las palabras que le corresponden.

- **la silueta:** delgada, gordita
- **el pelo:** rubio, castaño, negro, corto, largo
- **los ojos:** marrones, azules, negros

b. Haz la descripción física de la chica utilizando los verbos "ser" y "tener".

Lee

2 Lee las dos primeras líneas y presenta oralmente a la chica.

Se llama... / Tiene... / Es... / Habla...

3 Lee la tercera línea.

a. Relaciona cada adjetivo con su definición.

callada •	• le gusta trabajar
trabajadora •	• no le gusta hacer esfuerzos
perezosa •	• no le gusta hablar

b. Di si su carácter te parece coherente o no.

4 Consulta sus gustos y tacha el verbo incorrecto.

a. A Andrea, le gusta / gustan la música.
b. Le gusta / gustan los cómics.
c. No le gusta / gustan cocinar.

5 Completa estas frases.

a. A Andrea, ... hacer deportes.

b. .... los niños.

c. .... aprender idiomas.

Habla

6 Preséntate, di cómo eres y lo que te gusta y no te gusta.

REPASO Les verbes *ser* et *gustar*

- **SER:** ***soy, eres, es, somos, sois, son***
- **GUSTAR**
  - ***me, te, le, nos, os, les*** + ***gusta*** + singulier ou infinitif
  - ***me, te, le, nos, os, les*** + ***gustan*** + pluriel

→ Gramática p. 18

AHORA TÚ

Les verbes *ser* et *gustar*

Le verbe *ser*

Completa con el verbo "ser" conjugado.

a. Mi mejor amigo .... trabajador y yo también lo ....

b. Los padres de Gonzalo .... muy amables.

c. Edurne y yo .... habladores.

¿Tú también lo .... ?

Le verbe *gustar*

Subraya la forma correcta.

a. ¿Te *gusta* / *gustas* estudiar?

b. A todo el mundo le *gusta* / *gustan* las vacaciones.

c. ¿No os *gusta* / *gustáis* mi dibujo?

d. A mí me *gusto* / *gustan* todos los deportes.

Te toca presentarte

Completa esta ficha como la de Darena_22, con tu nombre, tu retrato, tus características y tus gustos.

Conoce a...

Mi nombre:

Mi edad:

Mi(s) nacionalidad(es):

Idioma(s) que hablo:

Mi carácter:

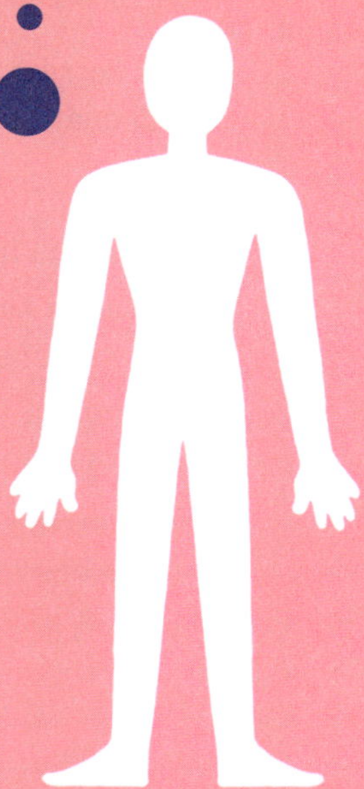

ME GUSTA

NO ME GUSTA

Mi lección del día

Fecha:

Con método

Lorsque tu as à réaliser une actvité orale ("Habla" ou "Dialogad"), prépare quelques notes à l'écrit, sans trop les rédiger, pour garder un ton naturel.

LECCIÓN 2 ¡Ya lo sé!

La rutina de un deportista

- ✔ Décrire une routine quotidienne
- ✔ L'heure
- ✔ Le présent de l'indicatif

Un día en la vida de Carlos Alcaraz

Carlos Alcaraz es sin duda la nueva sensación del tenis mundial. El jugador español revela que su día a día pasa por el tenis, pero no pierde la ocasión para estar en contacto con los que más quiere[1] y vivir una vida "normal y corriente".

"Yo siempre a las 9.30 estoy en el gimnasio y hasta las 13 o 13.30 entreno sin parar[2], ya sea[3] tenis o físico", cuenta Alcaraz sobre sus entrenamientos diarios. El murciano[4] disfruta de la rutina del profesional del tenis, entrenando "normalmente unas cuatro horas" al día para disputar "alrededor de[5] unos 60 partidos" al año.

bolamarilla.com, 2022 - Adaptado

1. querer [ie] = *ici, aimer* - 2. *sans arrêt* - 3. *que ce soit* - 4. *originaire de la région de Murcie (Espagne)* - 5. *autour de*

el Minuto cultural

Carlos Alcaraz es un joven tenista español que subió de forma espectacular en el ranking ATP: se convirtió en el número uno mundial en septiembre de 2022 con solo 19 años.

VOCABULARIO — Audio 23va4102

- **un(a) deportista:** *un(e) sportif(ive)*
- **un(a) jugador(a):** *un(e) joueur(se)*
- **un partido:** *un match*
- **hasta:** *jusqu'à*
- **a veces:** *parfois*

Habla

1 a. Relaciona cada deportista con su profesión. Luego haz frases para presentarlos.

Leo Messi •	• ciclista
Mariana Pajón •	• tenista
Rafael Nadal •	• piloto
Sergio Pérez •	• futbolista

b. ¿Conoces otros(as) deportistas hispanohablantes?

Lee

2 Escribe la palabra que se repite cuatro veces y di cuál es la diferencia con la palabra francesa.

_ _ _ _ _

3 Indica la respuesta correcta.

a. Carlos Alcaraz ◯ vive desconectado ◯ mantiene el contacto con su familia y sus amigos.

b. Entrena ◯ por la mañana ◯ por la tarde ◯ por la noche.

4 Escribe en letras las horas siguientes y di a qué corresponden.

a. las 9.30: .... de la ....

b. las 13: .... de la ....

c. las 13.30: .... de la ....

Dialogad

5 Haz preguntas a tus compañeros(as) acerca de sus rutinas y de sus horarios.

¿A qué hora...? / ¿De qué hora a qué hora...?
¿Haces a veces los deberes por la mañana? / ...

REPASO L'heure - Le présent de l'indicatif

- **L'heure**
  *A **la** una / A **las** dos, **las** tres, **las** cuatro...*
  y cuarto** / **y media** / **menos cuarto
- **Le présent de l'indicatif**
  Terminaisons des verbes en :
  -ar → ***o, as, a, amos, áis, an***
  -er → ***o, es, e, emos, éis, en***
  -ir → ***o, es, e, imos, ís, en***

→ Gramática pp. 18-19

L'heure - Le présent de l'indicatif

L'heure

Escribe las horas en letras y precisa el momento del día.

a. 10:20: ....

b. 11:45: ....

c. 13:05: ....

d. 19:15: ....

e. 21:35: ....

Le présent de l'indicatif

Conjuga los verbos.

a. Yo (ENTRENAR) .... todos los días.

b. ¿A qué hora (nosotros - CENAR) ....?

c. Los deportistas (VIVIR) .... al ritmo de sus entrenamientos.

d. Alexia (APRENDER) .... a jugar al bádminton.

¡Vaya rutina!

a. **Rodea las actividades que haces los lunes.**

b. **Redacta una frase para cada actividad rodeada. Conjuga los verbos en presente y menciona los horarios o el momento del día.**

Los lunes ....

....

....

....

....

....

....

....

....

....

Mi lección del día

Fecha:

Con método

Lorsque tu lis un texte, il est normal de pas comprendre tous les mots : cherche à comprendre le sens global.

LECCIÓN 3 ¡Ya lo sé! Somos latinos

- Indiquer l'origine de quelqu'un
- Le verbe *estar*
- La diphtongue

EL MUNDO HISPANOHABLANTE

- Número de países: 21
- Número de personas: 489 millones

3'28 — Periko y Jessi León, *Somos latinos*, 2017

el Minuto cultural

Estados Unidos es el país en el que el español no es lengua oficial y que tiene el mayor número de hispanohablantes (62 millones de personas).

Habla

1 a. Cita los países hispanohablantes de América que conoces.

- FUERZA 1 ★ dos países
- FUERZA 2 ★★ cinco países
- FUERZA 3 ★★★ más de cinco países

b. Di el nombre de un país anglófono en el que viven muchos latinos.

Mira el vídeo

Vidéo 23va4103

2 Completa con el nombre de los países que figuran en las camisetas.

a. El cantante viene de ....

b. La cantante viene de ....

c. El batería (*músico*) viene de ....

d. El bajo (*músico*) viene de ....

3 Relaciona las nacionalidades que oyes con las ciudades.

argentina •	• Chicago
colombiana •	• Miami
mexicano •	• L.A. (Los Ángeles)
peruano •	• D.C. (Washington)

4 Indica la respuesta correcta.

Al final de la canción mencionan:

- ◯ nueve nacionalidades y un país.
- ◯ nueve países y una nacionalidad.

5 Explica el mensaje de la canción utilizando los verbos "venir" [ie] y "estar".

Escribid

6 Inventad una estrofa sobre el modelo de la canción con las nacionalidades de la clase. (Escribid en la página Algo más.)

VOCABULARIO

Audio 23va4104

- **una canción:** *une chanson*
- **un(a) cantante:** *un(e) chanteur(se)*
- **una bandera:** *un drapeau*
- **el orgullo:** *la fierté*
- **ESTAR alegre/contento(a):** *être joyeux(se)/content(e)*
- **ESTAR orgulloso(a):** *être fier(e)*
- **VENIR [ie] de:** *venir de*

REPASO Le verbe *estar* - La diphtongue

- **Le verbe *estar***
  Il sert à **situer** ainsi qu'à **exprimer un état, une émotion.**
  ESTAR: ***estoy, estás, está, estamos, estáis, están***

- **La diphtongue**
  Dans certains verbes, la voyelle du radical se transforme en deux voyelles à la 1re, 2e, 3e pers. du singulier et à la 3e pers. du pluriel.
  e → ie   o → ue   u → ue

→ Gramática p. 19

Le verbe *estar* - La diphtongue

Le verbe *estar*

a. Busca el verbo "estar" conjugado en cinco personas diferentes.

R	T	E	L	F	S	S	D	I	X
L	U	A	X	Z	W	E	C	Y	E
U	K	O	H	F	P	S	Y	T	S
Y	K	H	B	F	F	T	O	Y	T
E	S	T	Á	I	S	Á	O	C	A
K	A	W	Q	I	B	T	Ñ	N	M
C	U	V	Ñ	S	S	P	Á	G	O
F	P	F	M	E	U	T	B	B	S
K	X	G	U	D	S	A	F	O	N
R	U	H	V	E	A	A	P	V	L

b. Escribe la persona que falta: ....

La diphtongue

Conjuga los verbos.

a. Ariadna (VENIR) .... a las cinco.

b. ¿(nosotros - PODER) .... cantar la canción?

c. Dime lo que (tú - PENSAR) ....

d. ¿(vosotros - VENIR) .... conmigo?

e. Todos (CONTAR) .... la misma historia.

Sorprendente Hispanoamérica

Escucha el audio para completar los ejercicios. Audio 23va4105

FUERZA 1 ★ **a. Completa con el nombre del país.**

- Chichén Itzá: ....
- Machu Picchu: ....
- Chiribiquete: ....

b. Relaciona cada lugar con su característica.

Chichén Itzá •	• antigua ciudad inca
Machu Picchu •	• parque nacional
Chiribiquete •	• ruinas mayas

c. Escribe el número correspondiente en cada imagen.

FUERZA 2 ★★ **Pon números en las imágenes y toma notas para presentar cada lugar.**

Mi lección del día

Fecha:

Con método

Quand tu lis ou entends le nom d'un pays hispanophone, pense à consulter la carte de l'Amérique à la fin de ton manuel-cahier pour le situer et le mémoriser.

Unidad 1

LECCIÓN 4 ¡Vaya diversidad cultural!

- ✔ Comprendre ce qu'est le patrimoine de l'UNESCO
- ✔ Les adjectifs démonstratifs

....

....

....

La UNESCO (Organización de las Naciones Unidas para la Educación, la Ciencia y la Cultura) reconoce como "Patrimonio de la Humanidad" ciertos lugares y tradiciones heredados del pasado y con un valor excepcional.

VOCABULARIO

Audio 23va4107

- el conocimiento: *la connaissance*
- el esfuerzo: *l'effort*
- una herencia: *un héritage*
- un pueblo: *ici, un peuple*
- el valor: *la valeur*
- CELEBRAR: *fêter*
- CONSERVAR: *conserver*
- SALVAGUARDAR: *sauvegarder*

Observa

¡Ya lo sé!

1 a. Para cada foto, escribe el nombre de la fiesta y el país.

el carnaval de Barranquilla | el Día de Muertos | las Fallas de Valencia

España | México | Colombia

b. Di lo que tienen en común estas fiestas.

Mira el vídeo

Vídeo 23va4106

2 Una fiesta mexicana aparece en el vídeo.

Esta fiesta es: ....

3 Indica en qué orden se mencionan los componentes de la cultura.

n° .... : valores — n° ..... : saberes

n° ..... : lenguas — n° ..... : artes

n° ..... : creencias — n° ..... : conocimientos

4 Completa esta afirmación.

La UNESCO trabaja por demostrar la .... que tiene para todos los pueblos del .... la .... de estos bienes y .... irremplazables.

5 El vídeo nos incita a...

- ◯ parar y pensar más.
- ◯ salvaguardar la cultura.
- ◯ celebrar la diversidad cultural.

Dialogad

MEDIACIÓN

6 a. En grupos de cuatro, elegid una tradición o monumento que os parece importante y explicad por qué hay que conservarlo(a).

b. Presentad vuestra propuesta a la clase y justificadla.

Les adjectifs démonstratifs

Placés devant un nom, ils désignent quelque chose que l'on voit ou que l'on vient de citer.

este / *esta* / *estos* / *estas* + nom

→ Gramática p. 19

AHORA TÚ

Les adjectifs démonstratifs

Subraya la propuesta correcta.

a. *Este* / *Esta* herencia es irremplazable.

b. *Estos* / *Estas* lugares y *estos* / *estas* tradiciones son excepcionales.

c. *Este* / *Esta* pueblo quiere conservar sus tradiciones.

Así se pronuncia

Audio 23va4108

Dans les mots espagnols, mis à part le "h" qui est muet, toutes les lettres se prononcent.

Escucha y repite:

Hay que salvaguardar la herencia del pasado.

El Patrimonio de la UNESCO en Francia

a. Con la ayuda del código, descubre algunos bienes franceses declarados "Patrimonio de la Humanidad" por la UNESCO.

1  → el .... de Versalles, cerca de París

2  → la .... fortificada de Carcasona

3  → el .... antiguo de Orange

4  → la .... francesa

5  → el .... de Granville

6  → las .... de Nueva Caledonia

b. Relaciona cada bien con la foto que le corresponde.

 ......

 ......

 ......

 .....

 ......

 ......

Mi lección del día

Fecha:

Con método

Regarde toujours une vidéo en te munissant d'un brouillon et d'un crayon : tu pourras ainsi noter des mots, des chiffres ou des dates au fur et à mesure du visionnage.

GRAMÁTICA

Saisis le code pour accéder à **plus d'exercices** sur **didier-clic.fr**

REPASO Le verbe *ser*

On emploie ***ser*** pour :

- (se) présenter : *Es Martín Villa López.*
- citer une caractéristique : *Eres trabajadora.*
- mentionner l'origine : *Somos de Barcelona.*
- indiquer la nationalité : *¿Sois españoles?*

	SER
yo	**soy**
tú	**eres**
él/ella/usted	**es**
nosotros(as)	**somos**
vosotros(as)	**sois**
ellos(as)/ustedes	**son**

1 Responde con el verbo "ser".

a. Preséntate:

....

b. Cita una característica de tu mejor amigo(a):

....

c. Menciona el origen de tu profesor(a):

....

d. Indica tu nacionalidad:

....

Exercices supplémentaires 23va4109

REPASO Le verbe *gustar*

Pour **exprimer ses goûts**, on emploie ***gustar*** en l'accordant avec le sujet qui le suit.
Les pronoms entre parenthèses servent à insister.

(a mí)	**me gusta**	+ nom **singulier** ou + verbe à l'**infinitif**
(a ti)	**te gusta**	
(a él/ella/usted)	**le gusta**	
(a nosotros/as)	**nos gusta**	
(a vosotros/as)	**os gusta**	
(a ellos/ellas/ustedes)	**les gusta**	

(a mí)	**me gustan**	+ nom **pluriel**
(a ti)	**te gustan**	
(a él/ella/usted)	**le gustan**	
(a nosotros/as)	**nos gustan**	
(a vosotros/as)	**os gustan**	
(a ellos/ellas/ustedes)	**les gustan**	

2 Completa con el verbo "gustar" conjugado.

a. A nosotros .... estudiar.

b. A mi hermana no...................... las vacaciones.

c. A Pablo y Lorenzo .... mucho dibujar.

d. A vosotras no .... nada el café.

3 Indica qué te gusta y qué no te gusta.

....

....

....

....

....

....

Exercices supplémentaires 23va4110

REPASO L'heure

Pour indiquer l'heure : ***es la... / son las...***

Pour dire à quelle heure : ***a la... / a las...***

Pour préciser de quelle heure à quelle heure :
de la(s)... hasta la(s)... ou ***de la(s)... a la(s)...***

En espagnol, comme en anglais, on ne compte les heures que de 1 à 12 et on précise le moment de la journée.
Son las siete de la tarde. – It's seven pm.

4 Completa las frases ordenando las palabras.

a. la - media - de - comemos - una - la tarde. - a - y

A veces ....

b. nueve - mañana. - hago - once - de las - deporte - de la - a las

Los sábados, ...

....

Exercices supplémentaires 23va4111

REPASO Le présent de l'indicatif

Les verbes réguliers se divisent en trois groupes : à l'infinitif, ils finissent par *-ar*, *-er* ou *-ir*.

	DESAYUNAR	COMER	VIVIR
yo	desayuno	como	vivo
tú	desayunas	comes	vives
él/ella/usted	desayuna	come	vive
nosotros(as)	desayunamos	comemos	vivimos
vosotros(as)	desayunáis	coméis	vivís
ellos(as)/ustedes	desayunan	comen	viven

De la una a las dos entrena y después come.

On n'utilise les pronoms sujets que pour insister.

De la una a las dos, él entrena y yo estudio.

5 Conjuga los verbos.

a. Cuando Luisa no (DIBUJAR) ...., (ESCRIBIR) ....

b. Mis amigas (ENTRENAR) .... duro cada día.

c. Siempre (nosotros - GANAR) ....

d. ¿(vosotras - CONOCER) .... a Carlos Alcaraz?

e. ¿Tú (HABLAR) .... español?

Exercices supplémentaires 23va4112

REPASO La diphtongue

Une transformation intervient dans le radical de certains verbes, à la 1re, 2e et 3e personne du singulier et à la 3e personne du pluriel :

e** → **ie** / **o** → **ue** / **u** → **ue

JUGAR: *¿Juego solo o jugamos todos?*

6 Completa los verbos.

a. PODER: (yo) p......do

b. DORMIR: (nosotros) d.....rmimos

c. PENSAR: (ella) p.....nsa

Exercices supplémentaires 23va4113

REPASO Le verbe *estar*

On emploie ***estar*** pour :

- situer :
  Estamos en Francia.
- indiquer un état :
  ¿Estás cansado?
- exprimer une émotion :
  Hoy, estoy triste.

	ESTAR
yo	estoy
tú	estás
él/ella/usted	está
nosotros(as)	estamos
vosotros(as)	estáis
ellos(as)/ustedes	están

7 Escribe las frases en español.

a. Où sont-ils ? ....

b. Nous sommes contents d'être ici. ....

c. Je suis bien quand tu es avec moi. ....

Exercices supplémentaires 23va4114

Les adjectifs démonstratifs

Les adjectifs démonstratifs les plus courants sont :

este / ***esta*** / ***estos*** / ***estas*** + **nom**

Queremos visitar este museo.

Mais il existe deux autres formes : ***ese*** et ***aquel***.

8 Completa con el adjetivo demostrativo correcto.

a. Celebramos .... fiesta cada año.

b. ¿Quién conoce .... tradiciones?

c. ¿Ves .... monumentos increíbles?

d. .... pueblo quiere salvaguardar su cultura.

Exercices supplémentaires 23va4115

VOCABULARIO

Saisis le code pour accéder aux **flashcards** et à **plus d'exercices** sur **didier-clic.fr**

La identidad

Audio 23va4116

Flashcards 23va4117

Exercices supplémentaires 23va4118

El aspecto físico

alto(a)

bajito(a)

delgado(a)

gordito(a)

el pelo

los ojos

La nacionalidad

argentino(a)

colombiano(a)

español(a)

mexicano(a)

peruano(a)

francés/francesa

El carácter

callado(a)

hablador(a)

perezoso(a)

trabajador(a)

divertido(a)

creativo(a)

J'enrichis mon vocabulaire

....

....

....

....

....

....

....

1 Completa con las palabras correspondientes.

a. El contrario de "hablador" es ....

b. Mi hermano tiene el .... rubio y los .... marrones.

c. Mariana Pajón es una deportista ....

d. Si te gusta inventar una historia, eres una persona ....

2 Indica el aspecto físico, el carácter y la nacionalidad de tu mejor amigo(a).

....

....

....

....

....

....

La rutina

Audio 23va4119

Flashcards 23va4120

Exercices supplémentaires 23va4121

levantarse

desayunar

comer

cenar

hacer los deberes

leer

ir al instituto

volver [ue] a casa

entrenar

jugar [ue] un partido

dormir [ue]

J'enrichis mon vocabulaire

....

....

....

3 **Escribe las acciones que...**

a. haces por la mañana:

....

....

b. haces al mediodía:

....

....

c. haces por la tarde:

....

....

d. haces por la noche:

....

....

e. no haces nunca:

....

....

El patrimonio cultural

Audio 23va4122

Flashcards 23va4123

Exercices supplémentaires 23va4124

la diversidad cultural

un parque nacional

las lenguas

una ciudad

un monumento

un palacio

una catedral

4 **Completa con palabras de la lista.**

a. ¿Qué .... prefieres visitar? ¿Un .... o una ....?

b. La UNESCO puede preservar bienes inmateriales como las .... o las tradiciones.

c. Cerca de nuestra .... hay un .... protegido.

J'enrichis mon vocabulaire

....

....

Recrearte

■ Jorge González Camarena, detalle de *Presencia de América Latina*, 1964-65

Jorge González Camarena (1908-1980)

Es un pintor mexicano conocido por sus pinturas murales. Esta escena es un detalle de un enorme mural de 300 m^2 que ilustra la historia de América Latina y que tiene como tema central la fraternidad de los pueblos americanos.
El gobierno[1] mexicano regaló[2] esta obra a la Universidad de Concepción (Chile) después de un terremoto[3] que destruyó gran parte de la universidad.
Jorge González Camarena pintó este mural con un equipo de tres pintores mexicanos y dos pintores chilenos.

¿Por qué crees que el pintor representa muchas caras?

1. *gouvernement* - 2. *a offert* - 3. *tremblement de terre*

1 Completa con nombres de colores.

La gran cara .... es la más visible. Representa a una mujer indígena de América. Una cara .... se une con la .... para simbolizar el mestizaje. Dos caras de perfil que se superponen (una .... y otra ....) evocan los pueblos que llegaron a América.

2 Subraya la respuesta correcta.
Arriba, a la derecha, está la bandera de *México* / *Colombia* / *Chile*.

3 Tacha la opción incorrecta.
La escena representa *la unión* / ~~*la rivalidad*~~ entre los pueblos de América Latina.

4 Inventa otro título.

....

Dictado flash

Las palabras borradas

+ prof
Fiche dictée et audio

Escucha y escribe las palabras que faltan.

1. ¿................. más bien .... o .... ?

2. Andrea .... una .... muy .... Me .... mucho sus ....

3. .... deportistas .... de las .... de .... a .... de la tarde.

4. ¿Conoces .... de todos .... de .... ?

5. Todos .... la .... y .... la ....

Proyecto

INDIVIDUAL. **Creo un póster sobre un(a) famoso(a) hispanohablante y su país.**

1 Elige un(a) famos(a).

Decide quién será el famoso o la famosa hispanohablante (deportista, actor, actriz, cantante, ...) protagonista de tu póster.

2 Busca informaciones en internet sobre...

- **tu famoso(a):** identidad, nacionalidad, gustos, rutina;
- **su país:** capital, número de habitantes, nombre de los habitantes, bienes declarados Patrimonio de la humanidad.

3 Escribe.

Escribe tres textos en los que el/la famoso(a):

- **Texto 1:** se presenta,
- **Texto 2:** da información sobre su vida diaria y sus gustos (si no tienes estas informaciones, puedes imaginarlas),
- **Texto 3:** nos habla de su país.

4 Crea tu póster.

Pega una foto del/de la famoso(a).
Crea tres partes tituladas "Me presento", "Conoce mi vida diaria y mis gustos" y "Descubre mi país".
Pega cada texto en la parte correspondiente.
Puedes ilustrarlo con imágenes.

Toma notas aquí:

Dans ton texte, utilise :

- le lexique de l'identité (p. 20)
- le lexique de la routine (p. 21)
- le lexique du patrimoine culturel (p. 21)
- les verbes *ser* et *gustar* (p. 18)
- l'heure (p. 18)
- le présent de l'indicatif (p. 19)
  N'oublie pas que certains verbes diphtonguent !

Le petit + !
Créez le "Panorama des célébrités hispaniques" en affichant vos posters dans votre salle de classe.

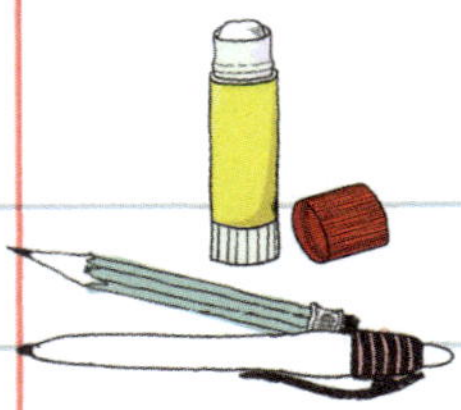

¿Algo más?

Ici, je peux prendre des notes ou coller des documents.

ÉVALUATIONS

Au terme de cette unité, ton/ta professeur(e) te distribuera les fiches pour **évaluer tes connaissances et tes compétences**.

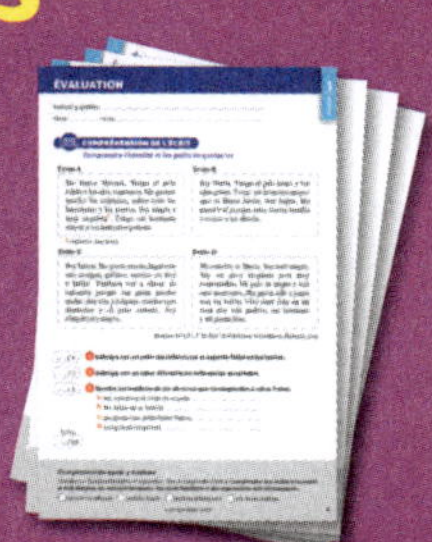

+ prof

Fiches et vidéo pour les évaluations

- Comprendre l'identité et les goûts de quelqu'un.
- Appréhender la diversité culturelle des hispanophones.
- Dialoguer à propos du Patrimoine de l'Unesco.
- Détailler ses habitudes quotidiennes.

2 Unidad

¡A comer!

¿Cómo comer sano y disfrutarlo?

Dans cette unité, nous allons :

- comprendre la présentation d'un plat traditionnel,
- suivre et expliquer une recette,
- jouer une scène dans un restaurant,
- comprendre les principes d'un régime alimentaire équilibré.

Nous partirons à la découverte :

d'un plat typique de la cuisine espagnole, de la tradition des tapas dans la ville de Barcelone et du régime méditerranéen.

Nous allons revoir :

- **lexique :** les aliments, les repas,
- **grammaire :** les verbes *gustar / preferir*, une traduction de « on » : *se* + verbe.

Notre projet :

Représenter une épreuve de MasterChef Junior.

À la fin de l'unité, je serai capable de...

- Comprendre la présentation d'habitudes alimentaires.
- Rédiger la recette du pain perdu.
- Comprendre la description d'une *tapa* typique de Barcelone.
- Décrire une affiche d'une campagne de sensibilisation.

Comida familiar en Barcelona

La dieta mediterránea

Comment la santé vient en mangeant?

Depuis 2013, le régime méditerranéen est reconnu par l'UNESCO comme un ensemble de savoir-faire, pratiques et traditions des pays du pourtour méditerranéen. En plus d'être un **modèle nutritionnel** équilibré qui propose une alimentation saine, c'est un **art de vivre qui valorise les moments d'échanges et les contacts sociaux.**

··➝ **Découvre cette tradition, pp. 36-37**

¡Ya lo sé!

Cita todos los alimentos que reconoces.

....

LECCIÓN 1 ¡Qué platos más ricos!

✔ Comprendre la présentation d'un plat traditionnel
✔ L'exclamation avec *qué*

J. L. Pagador Ponce (pintor español), *Pan, tomate y aceite*

¡Buen provecho!

Audio 23va4201

En un instituto, a la hora de comer, cada alumno ha traído[1] un plato típico de su país y lo presenta a los demás.

—Como tengo una parte de la familia que es francesa, he preparado una charlotte de chocolate y una blanquette de ternera[2].

—Muy bien, Carlota. ¡Seguro que está para chuparse los dedos[3]! –dice Ana–.

—Y tú, Nadia, ¿qué has traído? –dice la profesora.

—He traído un arroz con zanahorias, pistachos, almendras y pasas[4] –y enseña[5] el arroz que tiene una pinta buenísima–. Y filetes de cordero[6] para podérnoslo comer.

—¿Qué quieres decir con "para podérnoslo comer"?

—Quiero decir que en mi país se come usando la carne como tenedor o cuchara.

—¿O sea que coméis con los dedos?

—¡Claro! En muchos lugares del mundo se come así. [...]

—¡Ostras, esto será genial! –dice Solomon, a quien le encanta descubrir nuevas cosas.

—¡Sí, y qué olor más delicioso! –dice Berta.

Gemma Lienas (escritora española), *El diario naranja de Carlota*, 2011 - Adaptado

1. *a apporté* - 2. *veau* - 3. *à s'en lécher les doigts* - 4. *des amandes et des raisins secs* - 5. *elle montre* - 6. *des steaks d'agneau*

¡Ya lo sé!

Observa

1 Asocia las palabras con los elementos del cuadro y descríbelo.

1. un cuchillo | **2.** rebanadas de pan | **3.** un vaso de vino | **4.** tomates | **5.** una jarra de aceite | **6.** un plato

Lee

2 Rodea las personas que hablan y di quién presenta su plato.

3 Estas frases son falsas: corrígelas.

a. La escena pasa en un restaurante.
b. Carlota presenta un postre italiano.
c. En el país de Nadia, se come con palillos.

4 Subraya tres expresiones que indican que estos platos son muy ricos.

Escribe

5 Y tú, ¿qué has traído? Imagina la continuación del diálogo (en la p. Algo más)**: llegas con un plato tradicional de tu familia y lo presentas a la clase.**

VOCABULARIO

Audio 23va4202

- **un postre:** *un dessert*
- **un tenedor:** *une fourchette*
- **COMPARTIR:** *partager*
- **ESTAR rico(a):** *être bon(ne)*
- **OLER [ue]:** *sentir*
- **PROBAR [ue]:** *(ici) goûter*
- **TENER buena pinta:** *avoir l'air bon*
- **TRAER:** *apporter*
- **USAR:** *utiliser*

El pan con tomate, "pan tumaca", es una preparación tradicional de la cocina catalana. Se prepara con pan untado con ajo, tomate y aceite de oliva. Se suele comer como desayuno o como aperitivo.

L'exclamation avec *qué*

- ***¡Qué*** + adjectif/adverbe/nom***!***
  ¡Qué rico está! / ¡Qué bien huele! / ¡Qué sorpresa!
- ***¡Qué*** + nom + ***más*** + adjectif***!***
  *¡Qué plato **más** delicioso!*

→ Gramática p. 38

AHORA TÚ

L'exclamation avec *qué*

Transforma estas afirmaciones en exclamaciones con "qué".

a. El arroz está muy rico.

....

b. Es una tradición interesante.

....

....

c. El plato de Nadia huele bien.

....

d. Son entradas muy picantes.

....

....

Así se pronuncia

Audio 23va4203

En espagnol, l'intonation est très importante dans les phrases exclamatives pour exprimer les émotions.

Escucha y repite:

¡Qué plato más rico! - ¡Puf, qué asco! - ¡Ñam ñam!

Mapa gastronómico de España

FUERZA 1 ★ Ayudándote del mapa de la página 158, escribe los platos siguientes en las etiquetas gracias a su nombre: pulpo a la gallega / crema catalana / paella valenciana / queso manchego

FUERZA 2 ★★ Escucha las adivinanzas Audio 23va4204 **y descubre de qué región viene cada plato.**

- fabada: ....
- bacalao al pil-pil: ....
- bocadillo de calamares: ....
- gazpacho: ....
- papas arrugadas: ....

touristear.com/platos-mas-tipicos-europa, Uniplaces

Mi lección del día

Fecha:

Con método

Pour mémoriser durablement le vocabulaire, relis-le et répète-le à plusieurs jours d'intervalle : le jour-même, le lendemain et une semaine plus tard.

LECCIÓN 2 ¡Tortilla de patatas a tope!

✔ Suivre et expliquer une recette
✔ L'impératif

Marta Muñoz Iriartey, Irihouse (dibujante y bloguera española), "Dibu-receta paso a paso de la clásica tortilla de patatas", 2020

el Minuto cultural

La tortilla de patatas es uno de los platos más populares de la gastronomía española. Según la historia, el general Tomás de Zumalacárregui la inventó en 1835 para alimentar a sus tropas con alimentos básicos y nutritivos.

VOCABULARIO

Audio 23va4206

- **el azúcar:** *le sucre*
- **la cebolla:** *l'oignon*
- **la harina:** *la farine*
- **la mantequilla:** *le beurre*
- **la sal:** *le sel*
- **una sartén:** *une poêle*
- **la yema:** *le jaune d'œuf*
- **blando(a):** *(ici) tendre*
- **a fuego lento/medio/alto:** *à feu doux/moyen/chaud*
- **AÑADIR:** *ajouter*
- **BATIR los huevos:** *battre les œufs*
- **COCER [ue]:** *cuire*
- **ESCURRIR:** *égouter*

Observa

1 a. Da los ingredientes necesarios en esta receta.
b. Subraya los verbos de la ilustración y escribe el infinitivo.

.... : couper
.... : frire
.... : mélanger
.... : retourner
.... : peler
.... : retirer
.... : mettre

Mira el vídeo

Vidéo 23va4205

2 Selecciona la respuesta correcta.

Para hacer la tortilla perfecta, el hombre sigue la receta de: ◯ su abuela ◯ un libro de recetas ◯ tres chefs.

Y estos son los consejos:

- Añade ◯ ajo ◯ cebolla ◯ leche.
- Sala ◯ las patatas crudas ◯ los huevos ◯ las patatas fritas.
- Fríe ◯ a fuego lento ◯ a fuego fuerte y después lento ◯ a fuego lento y después fuerte.
- Deja cocer la tortilla ◯ 10 ◯ 20 ◯ 30 segundos y dale la vuelta.

Habla

3 Elige un plato que te gusta y presenta su receta (puedes utilizar dibujos para ilustrarla y/o rodar un vídeo de presentación).

L'impératif à la 2e personne

Tú: 2e personne du présent de l'indicatif sans le "s":
¡Mezcla! ¡Escurre! ¡Come!

Vosotros: infinitif sans le "r", mais avec un "d":
¡Mezclad! ¡Escurrid! ¡Comed!

→ Gramática p. 39

AHORA TÚ

L'impératif à la 2e personne

Conjuga los verbos en imperativo (tú/vosotros) y descubre la receta de la salsa brava.

a. (PELAR) .... / .... y (CORTAR) .... / .... la cebolla y el ajo.

b. (FREÍR) .... / .... la cebolla y el ajo con sal y perejil a fuego medio durante diez minutos.

c. (ECHAR) .... / .... pimentón y salsa de tomate y (COCER) .... / .... todo a fuego bajo durante quince minutos.

¿Cómo hacer galletas de mantequilla?

Indica qué foto corresponde a cada etapa de esta receta.

D. Vélez Alonso, lacocinademasito.com

1. CORTA LA MANTEQUILLA Y PONLA EN UN CUENCO.
2. AÑADE LOS INGREDIENTES.
3. MÉZCLALOS A MANO.
4. FORMA UN CILINDRO CON LA MASA.
5. CÓRTALO EN TROZOS DE 1 CM.
6. PON LAS GALLETAS EN UNA BANDEJA DE HORNO.
7. DEJA COCER 12 MINUTOS A 180°.

Mi lección del día

Fecha:

Con método

Pour expliquer les étapes d'une recette, n'hésite pas à utiliser des connecteurs : *primero, después, por último...*

LECCIÓN 3 Riquísima Barcelona

- ✔ Comprendre puis jouer une scène dans un restaurant
- ✔ Le superlatif absolu

CATALUÑA

- Comunidad autónoma de Cataluña
- **Lenguas oficiales:** catalán y español
- **Barcelona:** segunda ciudad de España (7.5 millones de habitantes)

Carta del bar Restaurante Rufo-2, Carrer Om, 20 Barcelona

VOCABULARIO

Audio 23va4208

- **los mariscos:** *les fruits de mer*
- **el/la camarero(a):** *le/la serveur(euse)*
- **la cuenta:** *l'addition*
- **la salsa brava:** *la sauce piquante*
- **caro(a) ≠ barato(a):** *cher(ère) ≠ peu cher(ère)*
- **casero(a):** *fait maison*
- **PEDIR [i]:** *(ici) commander*
- **PICAR:** *(ici) grignoter*
- **TENER [ie] hambre/sed:** *avoir faim/soif*

Observa

1 a. "Las tapas son pequeñas porciones que acompañan una bebida." Observa la carta del Rufo-2 y cita las tapas, los platos y las bebidas.

b. Presenta el plato más caro y la tapa más barata.

Escucha

Audio 23va4207

2 Escucha la conversación.

FUERZA 1 ★ Elige.

a. Hablan ◯ dos amigos y una camarera ◯ un padre, su hijo y una camarera ◯ un hombre y dos camareros.

b. Para Pablo, el catalán es ◯ difícil de leer ◯ fácil de comprender ◯ fácil de pronunciar.

c. La tapa reina son ◯ las tortillas ◯ las patatas bravas ◯ los calamares a la romana.

d. La camarera dice que en Rufo-2 la tapa reina es ◯ riquísima ◯ buenísima ◯ sabrosísima.

FUERZA 2 ★★ Completa.

a. Las tapas están ....

b. Piden..

.... para picar.

c. En Barcelona, vale la pena comer ....

....

d. La tapa reina son ....

y muestra .... del cocinero.

Dialogad

MEDIACIÓN

3 a. En grupos de tres. Inventad una escena en el restaurante Rufo-2. Los clientes quieren comer tapas pero no están de acuerdo. El camarero les ayuda.

b. El camarero recapitula el pedido. ¡Buen provecho!

el Minuto cultural

Las tapas se llaman así porque un camarero sirvió al rey Alfonso XIII una copa "tapada" con jamón para protegerla de las moscas y del polvo.

Le superlatif absolu

- *muy* + adjectif : ***muy** bueno(a)*
- adjectif + suffixe ***-ísimo(a)*** : *buen**ísimo(a)***

→ Gramática p. 38

AHORA TÚ

Le superlatif absolu

Subraya el adjetivo y transforma el superlativo.

a. Este plato es muy malo. → ....

b. Los clientes están muy contentos. → ....

c. El restaurante es muy famoso. → ....

d. Estas tapas son muy caras. → ....

Así se habla allá

Audio 23va4209

As-tu remarqué les mots en catalan sur le menu? **Le catalan** est avec l'espagnol la langue officielle de la Catalogne, des îles Baléares et d'Andorre.

Escucha y adivina el significado.

Benvingut. - Bon dia, em dic Hugo. - Visc a Barcelona, sóc català. - Si us plau. - Gràcies.

Sabores de Barcelona

Vidéo 23va4210

a. Mira el vídeo y señala los lugares que aparecen en el vídeo.

b. Completa.

- Las tapas son .... que se suelen servir en España.
- Los turistas vienen de ....
- Para descubrir Barcelona, existen visitas .... guiadas, visitas a .... o galerías de .... y cursos de .... catalana.

◯ La Sagrada Familia

◯ Las Ramblas

◯ El barrio gótico

◯ La playa de la Barceloneta

◯ La casa Millá de Gaudí

◯ El mercado de la Boquería

Mi lección del día

Fecha:

Con método

MEDIACIÓN

Jouer le rôle de médiateur te fera progresser : il t'apprendra à expliquer, résumer, comparer tes idées ou celles de tes camarades.

LECCIÓN 4 Descubre la dieta mediterránea

✔ Comprendre les principes d'un régime alimentaire équilibré
✔ Une traduction de " on "

Patrimonio cultural inmaterial de la UNESCO

La 'cura'[1] del Mediterráneo

No existe una dieta "mediterránea" como tal: los griegos comen diferente de los italianos, quienes tienen otros hábitos que franceses o españoles. Pero todos comparten los mismos principios.

De acuerdo con el doctor Mosquera, se prioriza el consumo de alimentos vegetales como frutas, cereales, frutos secos, granos enteros, verduras y especias[2]. Además, se come pescado y mariscos dos veces a la semana; y en menor proporción lácteos, huevos y aves[3].

Se sustituye la mantequilla con grasas saludables, como aceite de oliva y hierbas en lugar de sal; también se limita el consumo de carnes rojas. Se puede beber vino con moderación, como una copa diaria.

"Generalmente quienes habitan alrededor del mar Mediterráneo viven más años y sufren menos de cáncer y problemas cardiovasculares", señala el informe[4] realizado por 25 expertos. "El secreto, no tan oculto, es llevar una vida activa, controlar el peso[5] y bajar el consumo de carnes rojas y productos con azúcar o grasas saturadas".

El Universo (diario ecuatoriano), 2019 - Adaptado

1. *remède* - 2. *épices* - 3. *(ici) volaille* - 4. *le rapport* - 5. *le poids*

VOCABULARIO

Audio 23va4212

- **el consumo:** *la consommation*
- **la dieta:** *le régime*
- **la salud:** *la santé*
- **beneficioso(a):** *bénéfique*
- **saludable / sano(a):** *bon pour la santé / sain(e)*
- **CONSUMIR:** *consommer*

el Minuto cultural

España es el primer productor mundial de aceite de oliva, llamado "el oro líquido". Se consume en la región mediterránea desde la Antigüedad.

¡Ya lo sé! Hablad

1 **Nube de palabras: decid todas las palabras que asociáis con "mediterráneo(a)".**

Lee

2 **Subraya los verbos que indican lo que se recomienda en la dieta mediterránea.**

3 **Apunta los alimentos que:**

a. Se comen mucho y todos los días: ....
....

b. Se consumen varias veces a la semana:
....

c. Se sustituyen a la mantequilla y a la sal: ....
....

d. Se limitan: ....

4 **¿Por qué se considera esta dieta como una cura?**

Mira el vídeo

Vidéo 23va4211

5 **a. Asocia un producto con un verbo.**

el aceite •	• hablar
el pan •	• soñar
el vino •	• reír
el tomate •	• andar

b. ¿Te parece que el vídeo ilustra bien la dieta mediterránea? Justifica tu respuesta.

REPASO Une traduction de " on "

Se + verbe à la 3ᵉ pers. du singulier ou du pluriel.

***Se comen** muchas frutas y **se limita** la carne roja.*

→ Gramática p. 39

AHORA TÚ

Une traduction de "on"

Redacta frases. Los principios de la dieta mediterránea son:

a. Beber mucha agua. → ....

b. Practicar una actividad física a diario.

→ ....

c. Comer mariscos o pescado dos veces a la semana.

→ ....

d. Compartir comidas con familia o amigos.

→ ....

A. García Miguel, ainagram.es, 2022

La pirámide nutricional

a. Haz la lista de los elementos de la pirámide alimentaria.

b. Apunta el número de palabras que...

- conoces: ....
- has buscado en la página: ....
- has buscado en la unidad: ....
- necesitas buscar en el diccionario: ......

1	2	3	4	5
....	....	....	....	....
....	....	....	....	....
....	....	....	....	....
....	....	....	....	....
....	....	....	....	....
....	....	....	....	....

Mi lección del día

Fecha:

Con método

Pour mémoriser le vocabulaire des aliments, fais une liste avec deux colonnes : les mots proches du français, et les mots très différents.

GRAMÁTICA

Saisis le code pour accéder à **plus d'exercices** sur **didier-clic.fr**

L'exclamation avec *qué*

- Tout comme les phrases interrogatives, les phrases exclamatives sont encadrées par deux points d'exclamation : un **à l'envers** (*¡*) en début de phrase et un **à l'endroit** (*!*) en fin de phrase.
Tous les pronoms exclamatifs, comme les interrogatifs, **portent un accent**.

- ***Qué*** suivi d'un **adjectif** ou d'un **adverbe** se traduit généralement par **"comme"**.
¡Qué sabroso! (**Comme** c'est savoureux!)
¡Qué bien huele! (**Comme** ça sent bon!)

- ***Qué*** suivi d'un **nom** se traduit par **"quel/le/s"**.
¡Qué cocinero! (**Quel** cuisinier!)

- ¡***Qué*** + nom + ***más*** + adjectif!
*¡Qué plato **más** delicioso!* (**Quel** plat délicieux!)

1 **Imagina lo que dicen con exclamaciones.**

a.

b.

a. ....

b. ....

2 **¿Qué significa? Relaciona una exclamación con su traducción.**

¡Vale! •	• Bien sûr!
¡Claro! •	• Bravo!
¡Qué va! •	• Certainement pas!
¡Vaya! •	• D'accord!
¡Enhorabuena! •	• Et bien! / Whaou!

Exercices supplémentaires 23va4213

Le superlatif absolu

- Il existe **deux façons d'exprimer le superlatif absolu** :
  - **avec l'adverbe *muy*** + adjectif = très + adjectif
  muy bueno(a) (très bon)
  - **avec le suffixe *-ísimo(a)*** : la voyelle finale de l'adjectif disparait et on rajoute *-ísimo(a)*.
  guapo(a) → guapísimo(a)
  simple → simplísimo(a)
  fácil → facilísimo(a)

Attention aux modifications orthographiques :
simpático(a) → simpatiquísimo(a)
largo(a) → larguísimo(a)

En espagnol, on emploie beaucoup plus souvent le superlatif absolu en ***-ísimo*** qu'en français !

3 **Transforma los adjetivos utilizando "muy".**

a. Estas frutas son sabrosísimas.

....

b. Mi madre prepara platos simplísimos.

....

c. Cocinamos verduras fresquísimas.

....

d. Tu paella es malísima.

....

4 **Completa con superlativos absolutos.**

muy lento	....
....	interesantísimas
muy guapos	....
....	blanquísima
muy difíciles	....
....	riquísimo

Exercices supplémentaires 23va4214

L'impératif à la 2e personne

- L'impératif sert à exprimer **un ordre**. En espagnol, il n'y a que **deux formes à l'impératif** : la 2e personne du singulier (***tú***) et la 2e personne du pluriel (***vosotros***). Pour les autres personnes (*nosotros*, *usted* et *ustedes*), on utilisera le présent du subjonctif (voir p. 58).

- **FORMATION :**
  - pour la **2e personne du singulier** (*tú*) = présent de l'indicatif à la 2e personne **sans le -s** de la fin. Les verbes à diphtongue la conservent à l'impératif : PROBAR [ue] → ***prueba*** (goûte)
  - pour la **2e personne du pluriel** (*vosotros*) = infinitif sans le *-r* de la fin et **avec un *-d***.

	HABLAR	APRENDER	VIVIR
tú	**habla**	**aprende**	**vive**
vosotros(as)	**hablad**	**aprended**	**vivid**

- **Verbes irréguliers** à la 2e personne du singulier (il n'y a aucune irrégularité à la 2e personne du pluriel : *decid*, *salid*, *haced*...) :

DECIR → ***di*** SALIR → ***sal*** HACER → ***haz*** SER → ***sé***
IR → ***ve*** TENER → ***ten*** PONER → ***pon*** VENIR → ***ven***

- À l'impératif, les pronoms se placent toujours à la fin du verbe : c'est **l'enclise**.

¡Corta las patatas! / ¡Córtalas! (attention à l'accent écrit !)
Explicad la receta. / Explicadla.

5 Completa las frases con el verbo correcto conjugado en imperativo: *cortar - pelar - probar - comer - escribir.*

a. (Tú) .... frutas de temporada!
b. (Vosotros) .... las patatas muy finas!
c. (Vosotros) .... las verduras para la sopa.
d. (Tú) Si vas a Barcelona, ... la crema catalana.
e. (Tú) .... las recetas en un cuaderno.

6 Escribe el infinitivo del verbo y conjúgalo en la 2a persona del singular del imperativo.

a. Decid el secreto de la receta.
.... → ....
b. ¡Poned la mesa!
.... → ....
c. Venid a cenar en casa.
.... → ....
d. Tened cuidado con el horno.
.... → ....
e. Haced una receta con pocos ingredientes.
.... → ....

Exercices supplémentaires 23va4215

REPASO Une traduction de "on" : *se* + verbe

- En espagnol, le pronom impersonnel **"on" n'existe pas**. Pour exprimer une généralité, on utilise : *se* + **verbe**.

On accorde toujours le verbe avec ce qui suit :
Se reduce el azúcar. (On réduit le sucre.)
Se comen muchas verduras. (On mange beaucoup de légumes.)

7 Escribe las frases en español.

a. On peut boire un verre de vin par jour.
....
b. On utilise de l'huile d'olive.
....
c. On mange des œufs deux fois par semaine.
....
d. On consomme plus de poisson et moins de viande rouge.
....
e. On limite les graisses.
....

Exercices supplémentaires 23va4216

VOCABULARIO

Saisis le code pour accéder aux **flashcards** et à **plus d'exercices** sur **didier-clic.fr**

Los alimentos y la dieta mediterránea

Audio 23va4217

Flashcards 23va4218
Exercices supplémentaires 23va4219

la carne

el pescado

los mariscos

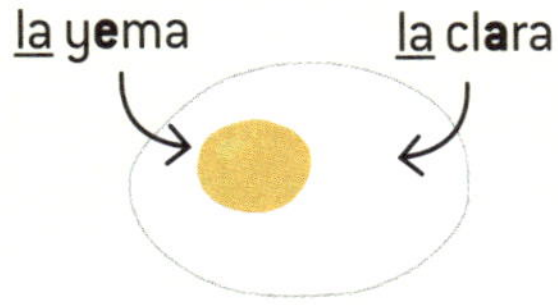

el huevo

la tortilla

el arroz

la pasta

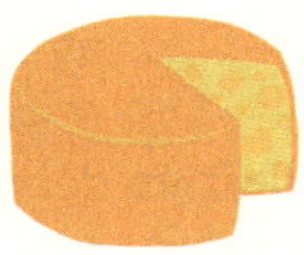
el queso

las verduras

las frutas

el aceite de oliva

la mantequilla

la cebolla

el ajo

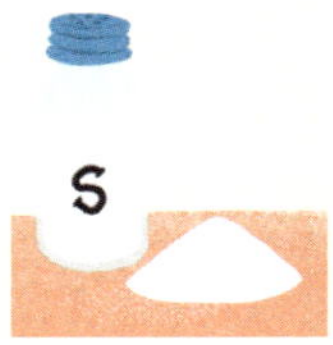

la sal

la pimienta

el azúcar

la harina

estar rico(a)

probar [ue]

oler [ue] bien/mal

saludable = sano(a) = bueno(a) para la salud
≠ malo(a) para la salud

beneficioso(a)

compartir

hacer ejercicio

J'enrichis mon vocabulaire

....

....

....

....

....

1 Adivina lo que es.

a. Suele acompañar la sal. → ....

b. Se comen mucho cerca del mar. → ....

c. Se hace con huevos y patatas. → ....

....

d. Es necesario para saber si algo te gusta o no.

→ ....

2 Completa el texto con las palabras que faltan.

La dieta mediterránea es un estilo de vida. Propone una alimentación .... con productos sanos. Invita a .... las comidas en familia o con amigos. Además, es importante ....

Cocinar y comer

Audio 23va4220

Flashcards 23va4221

Exercices supplémentaires 23va4222

pelar

cortar

añadir = echar

mezclar

los cubiertos: el tenedor el cuchillo la cuchara

sacar

batir

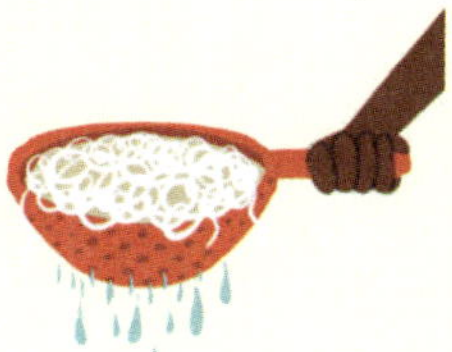
escurrir

freír [i]

a fuego lento/medio/alto

el camarero

la cuenta

la carta

el menú

caro(a) ≠ barato(a)

pedir [i]

picar

pagar

J'enrichis mon vocabulaire

....

....

....

....

....

3 Tacha el verbo intruso.

a. las verduras: pelar / cortar / batir

b. la pasta y el queso: pelar / mezclar / añadir

c. la carne: cocinar / freír / escurrir

d. la leche: echar / mezclar / pelar

4 ¿Qué necesitas para...?

a. beber agua: ....

b. pelar: ....

c. comer sopa: ....

d. comer tortilla: ....

5 ¿Quién suele decir estas frases? ¿El camarero o el cliente?

¿Qué deseas? → ....

¿Tienes agua con gas? → ....

¿Vas a tomar un postre? → ....

¿Y para beber? → ....

No, esto es todo. → ....

¡La cuenta por favor! → ....

¿Algo más? → ....

¿Puedes traerme la carta? → ....

Recrearte

Joan Miró (1893-1983)
Es un pintor, escultor y ceramista catalán. Forma parte del movimiento surrealista, un movimiento artístico surgido en Francia que exalta lo irracional, la locura[1], el mundo de los sueños[2].

El bodegón es un género pictórico muy antiguo, que representa animales, flores, frutas u objetos de la vida cotidiana en un entorno casero. En general produce un efecto de serenidad y armonía.

¿Es esta obra un bodegón clásico? Explica por qué.

Joan Miró, *Bodegón del zapato viejo*, 1937

1. *folie* - 2. *des rêves*

1 **Cita los elementos que ves en el cuadro.**

....

....

2 **¿Qué colores predominan?**

....

PARCOURS ARTISTIQUE ET CULTURELLE D'ÉDUCATION

3 **Subraya las palabras que puedes asociar con este cuadro.**
armonía • angustia • tranquilidad • paz • malestar

Con ritmo y buen tono

¡Mediterránea!

Audio 23va4223

Vamos a hablarte y aconsejarte la mejor dieta.
En Italia, Francia, Grecia y España
échale aceite, aceite de oliva.
Rico en omegas y vitaminas. ¡Qué maravilla!
Y además pescado, rico en ácidos grasos.
Ahora prueba la carne, en pocas cantidades,
sea conejo, cerdo o cordero*
¡Mediterránea!

Haz ejercicio ¡eh! ¡eh!
Come sano ¡eh! ¡eh!
Es una dieta muy saludable.
¡Mediterránea!

Alumnos del IES Pablo Sarasate
de Lodosa (Navarra)

* *du lapin, du porc ou de l'agneau*

1 **Lee la primera estrofa en voz alta como si fuera un poema.**

2 **Canta el estribillo con la melodía de la canción de Shakira *Wakawaka*.**

3 **Busca en internet el vídeo músical de los alumnos del IES Pablo Sarasate: "Más visto Nutrivideo3 Mediterránea" y canta con ellos.**

Proyecto

EN EQUIPO. **Representamos una prueba de MasterChef Junior:** la temática del día es "La dieta mediterránea: una entrada, un plato o un postre sano, rápido y barato".

Guillem Serrat (Terrasa, Cataluña), ganador de la novena edición Masterchef Junior a los 12 años, 2022.

1 Formad equipos y determinad los roles.

- un(a) presentador(a)
- 2 o 3 concursantes
- 2 o 3 chefs: miembros del jurado

2 Preparad vuestro rol.

MEDIACIÓN

- **Si eres presentador(a):** vas a dirigir la escena.
  → Te toca anunciar la temática, presentar a los jurados y a los candidatos, acompañar a los chefs de mesa en mesa y al final preguntarles qué receta prefieren.
- **Si eres candidato(a):** vas a presentar tu receta.
  → Te toca elegir una receta sana, determinar la lista de los ingredientes y las etapas de tu receta, explicarlo todo a los chefs.
- **Si eres chef (miembro del jurado):** vas a descubrir y comentar las recetas de los candidatos.
  → Te toca comentar las recetas, hablar con los candidatos y los otros chefs para al final elegir la receta que prefieres.

3 Representad la prueba de MasterChef Junior.

Instalad el escenario (una mesa para cada candidato(a)). Cuando estáis listos: ¡adelante!

Lors de vos échanges, utilisez :

- le lexique des aliments et du régime méditerranéen (p. 40)
- le lexique de la cuisine et des repas (p. 41)
- l'exclamation (p. 38)
- l'impératif (p. 39)
- le superlatif absolu (p. 38)
- la traduction de "on" (p. 39)

Le petit +!
Déguisez-vous et filmez votre représentation.

Tomad notas aquí:

....

....

....

....

....

....

....

....

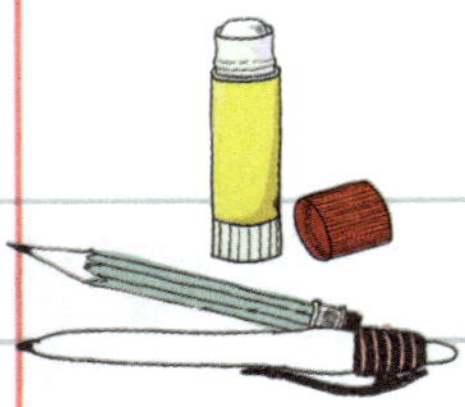

¿Algo más?

Ici, je peux prendre des notes ou coller des documents.

ÉVALUATIONS

Au terme de cette unité, ton/ta professeur(e) te distribuera les fiches pour **évaluer tes connaissances et tes compétences.**

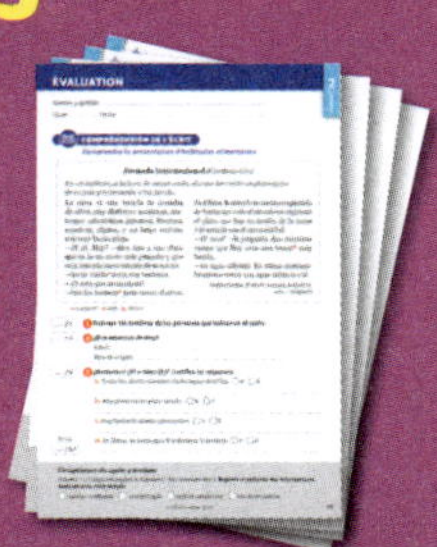

+ prof

Fiches et vidéo pour les évaluations

- Comprendre la présentation d'habitudes alimentaires.
- Rédiger la recette du pain perdu.
- Comprendre la description d'une tapa typique de Barcelone.
- Décrire une affiche d'une campagne de sensibilisation.

3 Unidad

¡Ay, cómo me duele!

¿Cómo mezclar tradición y modernidad para curarse?

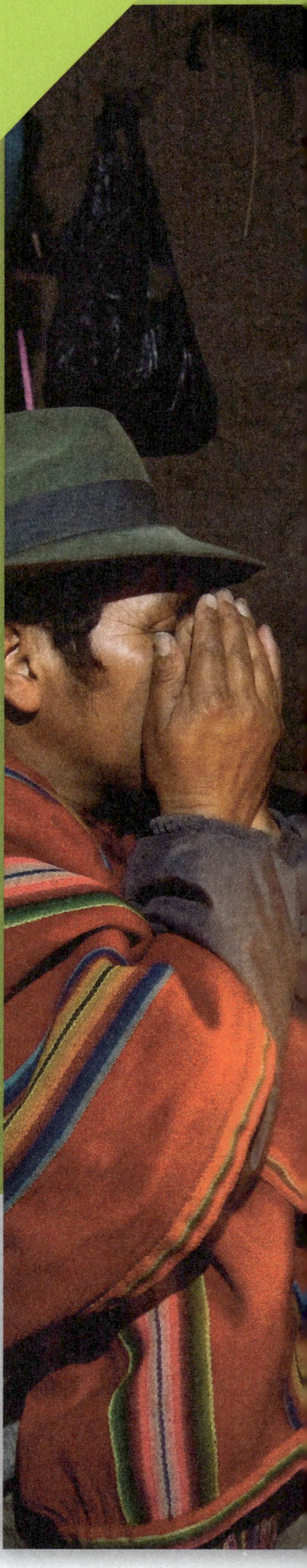

Dans cette unité, nous allons :

- parler d'un problème de santé,
- faire des hypothèses,
- peser le pour et le contre,
- donner des conseils négatifs.

Nous partirons à la découverte :

des particularités géographiques de la Bolivie, de différents types de médecine, des us et coutumes ancestraux des guérisseurs kallawayas, et de la cosmovision andine.

Nous allons revoir :

- **lexique :** les parties du visage,
- **grammaire et conjugaison :** le verbe *estar*, la comparaison, l'impératif.

Mon projet :

Réaliser une vidéo type TikTok sur une maladie imaginaire.

À la fin de l'unité, je serai capable de…

- Comprendre un dialogue sur un état de santé.
- Échanger sur des habitudes et des pratiques.
- Repérer des informations dans un texte.
- Rédiger un court article informatif.

Dos curanderos kallawayas y un paciente en una ceremonia de curación (Cordillera de los Andes, Bolivia)

Patrimonio cultural inmaterial de la UNESCO

La cosmovisión andina de los kallawayas

Comment soigner grâce à la connaissance de la nature?

Établie dans les **montagnes du nord de la Bolivie**, la **communauté indienne kallawaya** est mondialement connue pour sa pratique de la **médecine traditionnelle**.
Les guérisseurs, ou “prêtres-médecins”, kallawayas parcourent de longues distances pour soigner leurs patients grâce à des **remèdes naturels tirés de la Terre-Mère, la Pachamama.**

Découvre cette tradition, pp. 56-57

¡Ya lo sé!

Las personas en la foto están...

◯ comiendo ◯ haciendo una ofrenda ◯ cocinando ◯ jugando

LECCIÓN 1 ¿Qué te duele?

- ✔ Parler d'un problème de santé
- ✔ Le verbe *doler*

Una enfermedad misteriosa

—¿Qué tienes, David? –le preguntó su mujer, alarmada–. ¿Qué te pasa?
—Estoy enfermo[1].
—¿Qué te duele, hijo[2]?
—Nada.
—Pero entonces...
—Estoy enfermo, eso es todo.
—¡Dios mío! Te prepararé un matecito[3]...
—¿Qué matecito? Mi enfermedad es mucho más seria.
—¡Jesús, David! –le tocó la frente[4]–. No tienes fiebre... ¿qué tienes, hijo?

Ramón Peláez (escritor boliviano), *Cosas de gringos*, 2016

1. malade - 2. Où as-tu mal, mon chéri ? - 3. une tisane - 4. elle lui toucha le front

VOCABULARIO
Audio 23va4302

- un calambre: *une crampe*
- un dolor: *une douleur*
- una enfermedad: *une maladie*
- la espalda: *le dos*
- una falta: *un manque*
- ESTAR enfermo(a): *être malade*
- PREOCUPARSE (por): *s'inquiéter (pour/de)*
- PROBAR [ue]: *essayer, tester*

Mira el vídeo
Vídeo 23va4301

1 a. Di de qué tipo de vídeo se trata y completa con la información que lees.

Si te duele la ...., si te duelen las .... o si tienes ...., una de las causas es la .... de magnesio.

b. Copia el consejo final para estar mejor.

....

....

Lee

2 Cita el texto para explicar quién está enfermo y quién se preocupa.

3 Subraya las respuestas correctas.

a. David sabe *más o menos* / *exactamente* qué le pasa.
b. *Puede* / *No puede* tratarse con un matecito.
c. David piensa que su enfermedad *es* / *no es* grave.
d. La temperatura corporal de David *es* / *no es* normal.

Habla

4 FUERZA 1 ★ **Con un(a) compañero(a), volved a leer el texto en voz alta y con el tono adecuado.**

FUERZA 2 ★★ **Después aprendeos el diálogo de memoria y representadlo con el tono y los gestos adecuados.**

el Minuto cultural

Como en el diálogo, existen muchas interjecciones españolas, a veces relacionadas con la religión católica. Por ejemplo, la expresión "hijo" se usa para expresar su cariño... ¡no solo a sus hijos!

Le verbe *doler*

Pour dire où on a mal : on utilise ***doler*** [ue] à la 3e personne du singulier ou du pluriel.
→ Il se construit comme *gustar*.

*A ti te **duele** la cabeza y a mí me **duelen** los pies.*

→ Gramática p. 59

AHORA TÚ

Le verbe *doler*

Completa las frases con el verbo “doler”.

a. A mi madre le .... el brazo derecho.
b. ¿Desde hace cuánto tiempo te .... los ojos?
c. A mis padres les .... la cabeza.
d. Me .... las piernas de tanto caminar.

Así se pronuncia

Audio 23va4303

Pour bien prononcer un mot, s’il ne porte pas d’accent écrit, on respecte la règle suivante :

- on insiste sur l’**avant-dernière syllabe** s’il se termine par une voyelle, un “n” ou un “s” ;
- on insiste sur la **dernière syllabe** s’il se termine par une consonne autre que “n” ou “s”.

Escucha y repite:

¡Qué dolor tan doloroso cuando a uno le duelen los tobillos!

Adivina, adivinanza

Prepara adivinanzas sobre el cuerpo humano para desafiar a tus compañeros. Ejemplo: *Tenemos ocho en la boca.* → *las muelas*

FUERZA 1 ★ **Dos adivinanzas:**

....
....
....
....

FUERZA 2 ★★ **Cuatro adivinanzas:**

....
....
....
....
....
....
....
....

Mi lección del día

Fecha:

Con método

Pour utiliser correctement *doler*, dis-toi que c’est la même logique que *gustar*.

LECCIÓN 2

Jugar al fútbol en altura

- ✔ Faire des hypothèses
- ✔ Le présent du subjonctif

BOLIVIA

- País de América del Sur
- Capitales: La Paz y Sucre
- Idiomas: español y 36 lenguas indígenas

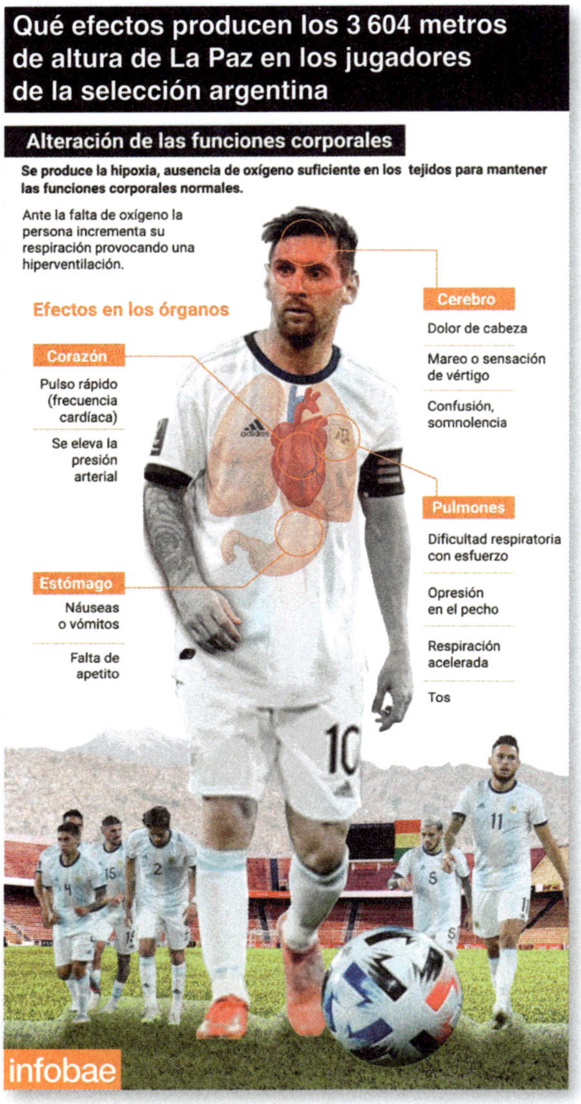

Infobae, 2020

VOCABULARIO

Audio 23va4305

- la altura: *l'altitude*
- un equipo: *une équipe*
- un esfuerzo: *un effort*
- un partido: *un match*
- un(a) periodista: *un(e) journaliste*
- el soroche: *le mal des montagnes*
- ACOSTUMBRARSE: *s'habituer*
- DESCANSAR: *se reposer*
- INCREMENTAR = AUMENTAR: *augmenter*
- MAREARSE: *avoir la tête qui tourne*

Observa

1 Mira el documento. ¿Reconoces a algún futbolista?

Escucha

Audio 23va4304

2 Subraya la respuesta correcta.

En el audio, habla un *médico* / *periodista* / *futbolista*.

3 Apunta información sobre el partido de fútbol.

....

....

....

4 Selecciona las dos soluciones para que los futbolistas se adapten a la altura.

- ◯ Pueden beber mucha agua.
- ◯ Pueden vivir y entrenar en altura durante unos días.
- ◯ Pueden hacer menos ejercicio físico y descansar más.
- ◯ Pueden hacer más ejercicio físico y descansar menos.

5 Copia una hipótesis que oyes en el audio.

....

....

....

Lee y habla

6 Imagina la continuación del audio basándote en los datos del documento: habla un minuto para explicar las consecuencias concretas de la altura sobre los organismos de los futbolistas.
Debes utilizar el verbo "doler" y hacer al menos dos hipótesis.

el Minuto cultural

La Paz se sitúa en el Altiplano andino, una extensa planicie que tiene una altura media de 3 800 m sobre el nivel del mar. Es la capital más alta del mundo.

Le présent du subjonctif

Pour faire une hypothèse, utilise ***quizás*** (peut-être) ou ***puede que*** (il se peut que) + **présent du subjonctif** :
- verbes en *-ar* : terminaisons en *-e*
- verbes en *-er*/*-ir* : terminaisons en *-a*

*Quizás los futbolistas no se **adapten** a la altura.*

→ Gramática p. 58

AHORA TÚ

Le présent du subjonctif

Transforma estas frases en hipótesis.

a. Viajamos a Bolivia algún día.

Quizás ....

b. No resisto los efectos de la altura.

Puede que ....

c. Es difícil caminar en la Cordillera de los Andes.

Quizás ....

d. Tenéis dificultad para respirar.

Puede que ....

Así se pronuncia allá

Audio 23va4306

Dans la région andine, l'espagnol bolivien est très influencé par les langues indiennes, comme le quechua et l'aymara, que la plupart des habitants parlent également. Il se caractérise par une intonation pausée et une nasalisation du "n" final.

Escucha:

Para mejorar la respiración, comer ligero también es una solución.

Las tres regiones de Bolivia

a. Indica las banderas de los países fronterizos con Bolivia.

○ ○ ○ ○ ○ ○ ○ ○

b. Observa el mapa y escribe el número que corresponde a la descripción de cada región.

- **Región de los Llanos:** zona de baja altura, con campos y selvas (el 59 % del territorio) → n° ....
- **Región Andina:** zona que está a más de 3000 m. sobre el nivel del mar (el 28 % del territorio) → n° ....
- **Región Subandina:** zona intermedia, con montañas bajas y valles (el 13 % del territorio) → n° ....

c. Escribe una hipótesis sobre dónde se puede sufrir del mal de altura.

....

Mi lección del día

Fecha:

Con método

Pour progresser à l'oral, n'hésite pas à t'enregistrer quand tu es chez-toi. Parle pendant une ou deux minutes puis essaie de t'auto-corriger.

LECCIÓN 3 ¿Cómo curar una enfermedad?

✔ Peser le pour et le contre
✔ La comparaison

CADI, Inti Watana, 2020

Dos medicinas complementarias

En Bolivia existen 36 grupos indígenas oficiales, cada uno con una cultura y una cosmovisión específica, lo cual significa que también existen 36 conceptos de lo que es salud[1] y enfermedad. Para la medicina tradicional andina, la salud y la enfermedad provienen de la tierra, y toda curación[2] se deriva de las plantas que la tierra misma ofrece al hombre.

La medicina occidental trata los síntomas de las enfermedades con medicamentos eficaces haciendo énfasis[3] en la enfermedad física. La medicina tradicional, aunque tiene repertorios de medicamentos de origen herbal y animal, se centra también en los hábitos[4] del enfermo.

Medicina tradicional, Biblioteca Virtual de Pueblos Indígenas (Bolivia) - Adaptado

1. *santé* - 2. *traitement* - 3. *en insistant* - 4. *le mode de vie*

el Minuto cultural

La cosmovisión andina es un conjunto de creencias de origen inca. En esta visión del universo, los elementos de la naturaleza son sagrados, especialmente la Pachamama o Madre Tierra.

Observa

1 **Mira la foto y haz hipótesis sobre lo que promueve.**

Lee

2 **¿Verdadero o falso?**

a. En Bolivia existen 72 grupos indígenas diferentes.
◯ V ◯ F

b. Todos los indígenas bolivianos consideran la salud y la enfermedad de la misma manera.
◯ V ◯ F

c. Los indígenas bolivianos piensan que los problemas de salud están relacionados con la tierra.
◯ V ◯ F

3 **Para curar a un enfermo, explica qué hacen un médico occidental y un médico tradicional.**

Dialogad

¡Ya lo sé! — MEDIACIÓN

4 **Debate durante dos minutos con un(a) compañero(a) comparando los dos tipos de medicinas.** Tú estás a favor de la medicina tradicional, él/ella está a favor de la medicina occidental o moderna. Un(a) tercer(a) compañero(a) resume las opiniones.

VOCABULARIO

Audio 23va4307

- **un(a) médico(a):** *un médecin*
- **un medicamento:** *un médicament*
- **bueno(a) ≠ malo(a):** *bon(ne) ≠ mauvais(e)*
- **mejor:** *meilleur(e) / mieux*
- **útil:** *utile*
- **AYUDAR:** *aider*
- **CURAR:** *soigner*
- **CURARSE:** *guérir*
- **SENTIRSE [ie]:** *se sentir*
- **SERVIR [i] para:** *servir à*

REPASO La comparaison

- de **supériorité** (+) : ***más*** + adj. + ***que***
- d'**infériorité** (-) : ***menos*** + adj. + ***que***
- d'**égalité** (=) : ***tan*** + adj. + ***como***

*Bolivia es un país **más extenso que** Francia.*

→ Gramática p. 59

AHORA TÚ

La comparaison

Escribe frases con los elementos siguientes y con el comparativo indicado.

a. Sucre / alta / La Paz (-) ....

b. Lionel Messi / famoso / Kylian Mbappé (=) ....

c. Mis dolores / intensos / ayer (+) ....

Conoce a la Pachamama

Haz una búsqueda en internet para completar la información del cartel.

1 Significado de "Pacha": ....

2 Significado de "Mama": ....

3 Significado de "Pachamama": ....

4 ¿Qué influencia tiene la Pachamama sobre los cultivos? ....

5 ¿Dónde está la Pachamama? ....

6 ¿Por qué es importante defenderla? ....

Telesur.tv, 2019

Mi lección del día

Fecha:

Con método

Lorsque tu lis ou écoutes ton/ta professeur(e) lire un texte pour la première fois, pense à consulter les notes de vocabulaire numérotées.

LECCIÓN 4 Curandero de padre a hijo

Patrimonio cultural inmaterial de la UNESCO

- ✔ Donner des conseils négatifs
- ✔ *No* + présent du subjonctif

■ *Fabricio, un niño kallawaya*, CNTV Infantil, 2022

Habla

1 **Recuerda todo lo que sabes sobre la medicina tradicional en Bolivia.**

Escucha

Audio 23va4308

FUERZA 1 ★

2 **Presenta al niño del audio a partir de la información siguiente:**

- nombre: ....
- familia: ....
....
- país: ....
- idiomas hablados: ....

3 **Completa la información sobre el pueblo kallawaya.**

a. Es un pueblo que cura con ....

b. Los médicos curanderos visitan a los ....

c. Hacen .... de .... para curar el dolor de estómago.

4 **¿Por qué el niño está orgulloso de ser un kallawaya?**

FUERZA 2 ★★

2 **Presenta al niño del audio basándote en todo lo que has entendido.**

3 **Explica por qué y cómo los kallawayas tienen un papel importante en la salud.**

4 **Cita dos ideas que indican que el niño está orgulloso ser un kallawaya.**

VOCABULARIO

Audio 23va4309

- un catarro, un resfriado: *un rhume*
- un(a) curandero(a): *un(e) guérisseur(euse)*
- un premio: *un prix, une récompense*
- la tos: *la toux*
- CALENTAR [ie]: *chauffer, réchauffer*
- HERVIR [ie]: *faire bouillir*
- OLER [ue]: *sentir*
- VALORAR: *valoriser*

Lee y habla

¡Ya lo sé!

5 **La wira wira es otra planta que utilizan los curanderos kallawayas. Lee los consejos y preséntalos oralmente, como si fuera una receta de cocina.** Puedes grabarte. Debes utilizar el imperativo y "no + subjuntivo".

■ Gobernación de Cochabamba, 2021

el Minuto cultural

Con el aimara y el guaraní, el quechua es el idioma indígena más hablado en Bolivia. Era el idioma del antiguo imperio inca.

No + présent du subjonctif

Pour donner un conseil négatif ou exprimer une interdiction : ***no*** + **présent du subjonctif.**

***No** te **preocupes** por mi estado de salud.*

→ Gramática p. 59

AHORA TÚ

No + présent du subjonctif

Transforma los consejos afirmativos en consejos negativos y viceversa.

a. Ignora la cultura kallawaya. ....
....

b. Come malos alimentos. ....
....

c. No viajes a Bolivia. ....

d. No descubras la medicina tradicional. ....
....

e. No te informes sobre la cultura kallawaya. ....
....

Decálogo kallawaya

a. **Imagina cuatro consejos que un curandero kallayawa puede dar sobre su relación con la naturaleza** (dos positivos y dos negativos, en 2ª persona del singular).

b. **Completa el decálogo con seis otras frases de tus compañeros.**

Decálogo de las buenas relaciones con la naturaleza

1. ....
2. ....
3. ....
4. ....
5. ....
6. ....
7. ....
8. ....
9. ....
10. ....

Centro de la Revolución cultural, 2021

Mi lección del día

Fecha:

Con método

Lorsque tu écoutes un audio avec des personnes qui ont un accent auquel tu n'es pas habitué, ne panique pas : concentre-toi sur les mots que tu reconnais.

GRAMÁTICA

Saisis le code pour accéder à **plus d'exercices** sur **didier-clic.fr**

Le présent du subjonctif

FORMATION :

Les terminaisons sont inversées par rapport à celles du présent de l'indicatif.

- verbes en *-ar* : **radical + *-e, -es, -e, -emos, -éis, -en***
- verbes en *-er* et *-ir* : **radical + *-a, -as, -a, -amos, -áis, -an***

	TOMAR	COMER	VIVIR
yo	tome	coma	viva
tú	tomes	comas	vivas
él/ella/usted	tome	coma	viva
nosotros(as)	tomemos	comamos	vivamos
vosotros(as)	toméis	comáis	viváis
ellos(as)/ustedes	tomen	coman	vivan

- **Verbes à diphtongue :** on retrouve cette particularité aux trois personnes du singulier et à la 3e personne du pluriel.

→ *probar: pruebe, pruebes, pruebe, probemos, probéis, prueben*

- **Verbes à affaiblissement :** on retrouve cette particularité à toutes les personnes.

→ *repetir: repita, repitas, repita, repitamos, repitáis, repitan*

- **Verbes irréguliers :** on retrouve la particularité de la 1re personne du singulier du présent de l'indicatif à toutes les personnes du présent du subjonctif.

→ *hacer: haga, hagas, haga, hagamos, hagáis, hagan*

→ *decir: diga, digas, diga, digamos, digáis, digan*

→ *conocer: conozca, conozcas, conozca, conozcamos, conozcáis, conozcan*

- **Verbes très irréguliers :**

→ *saber: sepa, sepas, sepa, sepamos, sepáis, sepan*

→ *ser: sea, seas, sea, seamos, seáis, sean*

→ *ver: vea, veas, vea, veamos, veáis, vean*

Quelques emplois :

- **Pour exprimer l'hypothèse**, on utilise ***quizás*** ou ***puede que*** suivi du présent du subjonctif.

Quizás estemos mejor muy pronto.

- **Pour exprimer un conseil négatif ou une interdiction,** on utilise ***no*** suivi du présent du subjonctif.

No bebas mucho café.

1 Escribe el infinitivo de cada verbo.

a. beban: ....

b. cantéis: ....

c. escribas: ....

d. tengamos: ....

e. juegue: ....

f. vuelvan: ....

g. seamos: ....

h. pida: ....

i. reduzcas: ....

j. se sientan: ....

2 Conjuga los verbos en presente de subjuntivo.

consultar

....
....
....
....
....
....

toser

....
....
....
....
....
....

empezar

....
....
....
....
....
....

poner

....
....
....
....
....
....

3 Completa con verbos conjugados en presente de subjuntivo.

a. Quizás (yo-LLAMAR) .... al médico esta tarde.

b. Quizás (tú-SENTIRSE) .... mejor mañana.

c. Quizás te (nosotros-DAR) .... buenos consejos.

d. Quizás (vosotros-CONOCER) .... a un kallawaya durante vuestro viaje a Bolivia.

e. Quizás los futbolistas (SABER) .... cómo jugar en altura.

4 Escribe las frases en español.

a. N'écoute pas ses conseils.

....

b. Ne sois pas malade pour ton anniversaire.

....

c. Ne t'inquiète pas pour moi.

....

Exercices supplémentaires 23va4310

Le verbe *doler*

- «Avoir mal» se dit en espagnol ***doler*** [ue], qui est un verbe à diphtongue.
  Ce verbe se construit sur le modèle de *gustar*.

(a mí)	**me duele**
(a ti)	**te duele**
(a él/ella/usted)	**le duele**
(a nosotros/as)	**nos duele**
(a vosotros/as)	**os duele**
(a ellos/ellas/ustedes)	**les duele**

- Il se conjugue à la 3e personne du singulier ou du pluriel, en fonction de ce qui est douloureux.
  A nosotros nos duele la cabeza.
  A ti te duelen las muelas.

5 Inventa un nombre para cada personaje y di qué parte del cuerpo le(s) duele.

a. **b.** **c.** **d.**

a. ....

....

b. ....

....

c. ....

....

d. ....

....

Exercices supplémentaires 23va4311

REPASO La comparaison

- Comparatif de **supériorité** :

  más + adjectif, adverbe ou nom + ***que***

  Jugar al fútbol es más difícil en altura que al nivel del mar.

- Comparatif d'**infériorité** :

  menos + adjectif, adverbe ou nom + ***que***

  Mi hermano tiene menos fiebre que ayer.

- Comparatif d'**égalité** :

  tan / ***tanto*** + adjectif, adverbe ou nom + ***como***

  Me duele tanto el brazo como la mano.

  - Lorsque ***tanto*** est suivi d'un adjectif ou d'un adverbe, il devient ***tan***.
    Los kallawayas son tan útiles como los médicos modernos.
  - Lorsque ***tanto*** est suivi d'un nom, il s'accorde en genre et en nombre avec celui-ci.
    Algunas plantas tienen tanta eficacia como los medicamentos.

6 Haz frases comparativas con los elementos siguientes.

a. las plantas / ser / interesante / la medicina moderna

(+) ....

....

....

(-) ....

....

....

b. los futbolistas argentinos / jugar [ue] en altura / fácilmente / futbolistas bolivianos

(-) ....

....

....

(=) ....

....

....

Exercices supplémentaires 23va4312

VOCABULARIO

Saisis le code pour accéder aux **flashcards** et à **plus d'exercices** sur **didier-clic.fr**

Los problemas de salud

Audio 23va4313

Flashcards 23va4314

Exercices supplémentaires 23va4315

doler [ue] - el dolor

estar enfermo(a) - la enfermedad

sentirse [ie] bien ≠ mal

toser - la tos

intoxicarse

marearse

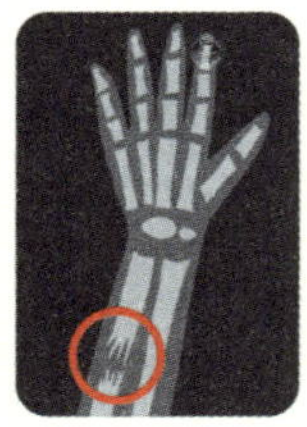

tener [ie] algo roto

tener [ie] náuseas

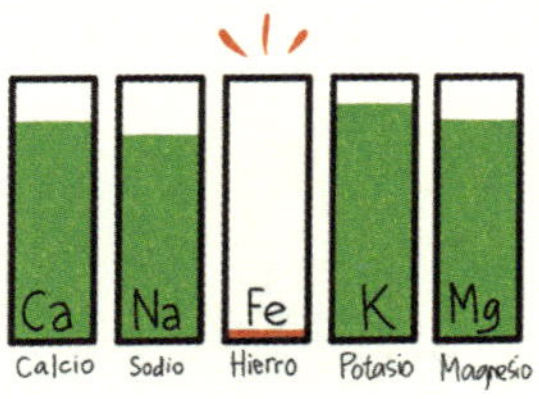

faltar de algo

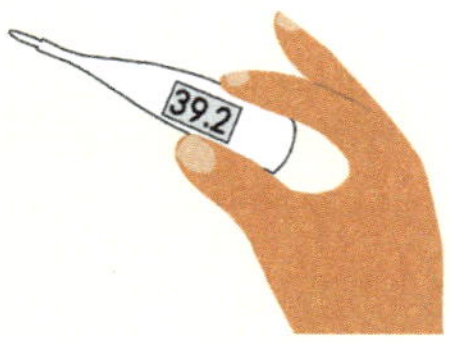

la fiebre

un catarro / un resfriado

la gripe

un calambre

un esguince

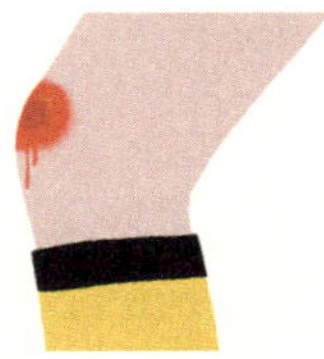

una herida

el soroche

J'enrichis mon vocabulaire

....

....

....

1 **Busca el verbo que corresponde al problema de salud.**

a. un dolor → ....

b. una intoxicación → ....

c. un mareo → ....

d. una falta → ....

e. la tos → ....

2 **¿Qué problema de salud puedes tener?**

a. Cuando haces deporte: ....

b. Cuando llevas ropa ligera en invierno: ....

....

c. Cuando vas a la montaña: ....

d. Cuando te caes: ....

El cuerpo humano

Audio 23va4316

Flashcards 23va4317

Exercices supplémentaires 23va4318

3 **Cita tres partes del cuerpo…**

a. que suelen ser dos:

....

....

....

b. que son articulaciones:

....

....

....

c. que están en la parte inferior del cuerpo:

....

....

....

Dos tipos de medicina

Audio 23va4319

Flashcards 23va4320

Exercices supplémentaires 23va4321

curar

curarse

un(a) curandero(a)

un(a) médico(a)

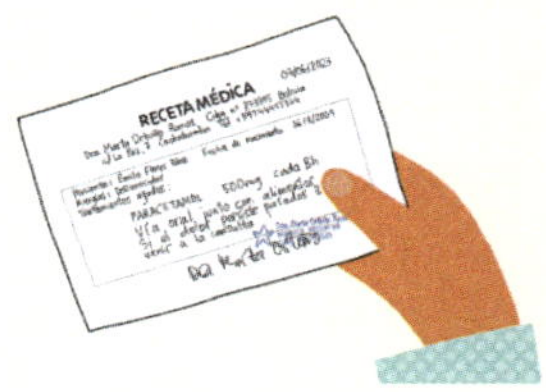

una receta

un medicamento

un jarabe

las plantas medicinales

un matecito

una operación

abrigarse

descansar

quedarse en la cama

J'enrichis mon vocabulaire

....

....

una ofrenda

rezar a la Pachamama

4 **Clasifica los remedios entre los dos tipos de medicina.**

a. medicina tradicional:

....

....

....

b. medicina moderna:

....

....

....

Recrearte

Rosmery Mamani Ventura (1985-)
Es una pintora aimara nacida a orillas[1] del Lago Titicaca (Bolivia). Suele pintar paisajes andinos y, sobre todo, retratos[2] hiperrealistas que representan a la gente humilde[3], de origen indígena o afroboliviano. En muchas de sus obras, rinde homenaje a figuras femeninas.

¿Por qué podemos afirmar que este cuadro es una mezcla de los temas favoritos de la artista?

* 1. *au bord* - 2. *portraits* - 3. *humble*

Rosmery Mamani Ventura, *Pachamama o Madre Tierra*, 2015

1 La naturaleza es omnipresente en el cuadro. Demuéstralo con tres elementos y explícalo.

2 Relaciona los elementos del cuadro con lo que representan.

el maíz •	
la ropa •	• la maternidad
las flores •	• la fertilidad de la tierra
el bebé •	• la feminidad
la mujer madre •	

3 A tu parecer, ¿por qué la artista representa a la Pachamama como una mujer indígena?

PARCOURS D'ÉDUCATION ARTISTIQUE ET CULTURELLE

Dictado flash

Las tildes que faltan

+ prof Audio

Escucha y escribe las tildes que faltan en las palabras en azul.

— Buenos dias, Jose. ¿Como estas hoy? ¿Quieres ir a la libreria conmigo?
— No se... Me siento regular, me duele la cabeza, y las muelas tambien.
— ¡Jesus! Voy a llamar al medico.
— No, quedate aqui, y dame aspirina.

Proyecto

INDIVIDUAL. Realizo un vídeo tipo TikTok sobre una enfermedad imaginaria.

1 Inventa una enfermedad.

Imagina una enfermedad que no existe. Puede ser seria o extravagante.

2 Piensa en el vídeo que vas a realizar.

- **Decide qué tipo de médico(a) vas a ser.**
  Puedes ser:
  - un médico(a) moderno(a),
  - un(a) curandero(a),
  - una mezcla de los dos.
- **Antes de escribir el guion, piensa en:**
  - cómo vas a realizar tu vídeo: ¿con dibujos?, ¿filmándote?, ¿con otras personas?,
  - un lema o frase de introducción que llame la atención.
- **Elige el tono de tu vídeo:** informativo, humorístico, espantoso...

3 Escribe el guion de tu vídeo.

Escribe un guion, de entre uno y dos minutos, con:
- los síntomas,
- una hipótesis sobre la enfermedad inventada,
- los consejos para curarla.

4 Realiza el vídeo.

Antes de grabarte, ensaya varias veces la escena. Grábate con tu móvil, vocalizando las palabras y adoptando el buen tono.

TikTok *Viasanabolivia*, 2022

Dans ta vidéo, utilise :
- le lexique des parties du corps (p. 61)
- le lexique des problèmes de santé (p. 60)
- le lexique de deux types de médecine (p. 61)
- le verbe *doler* (p. 59)
- le présent du subjonctif (p. 58)
- la comparaison (p. 59)
- *No* + présent de subjonctif (p. 58)

Le petit +!
Pour rendre la vidéo encore plus réaliste, prévois des éléments de déguisement et de décor.

Toma notas aquí:

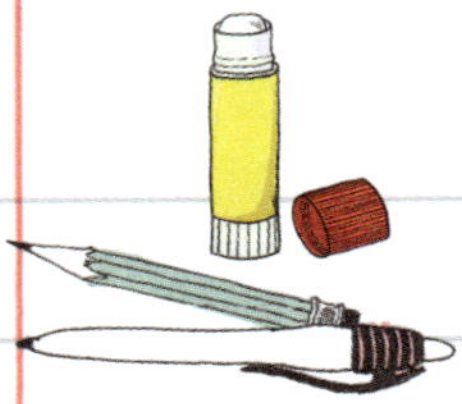

¿Algo más?

Ici, je peux prendre des notes ou coller des documents.

ÉVALUATIONS

Au terme de cette unité, ton/ta professeur(e) te distribuera les fiches pour **évaluer tes connaissances et tes compétences**.

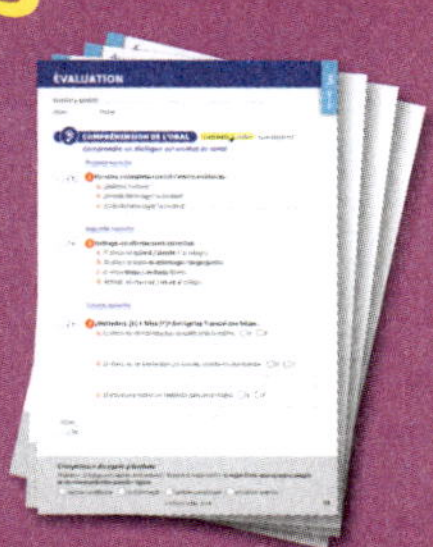

+ prof

Fiches et audio pour les évaluations

- Comprendre un dialogue sur un état de santé.
- Échanger sur des habitudes et des pratiques.
- Repérer des informations dans un texte.
- Rédiger un court article informatif.

4 Unidad

Juntos viajaremos

¿Qué nos aportan los viajes?

Dans cette unité, nous allons :

- projeter un voyage,
- comprendre le temps qu'il fera,
- comprendre des explications historiques,
- citer les attraits d'une ville.

Nous partirons à la découverte :

des différents climats de l'Andalousie, de la période d'al-Ándalus, de l'Alhambra et de l'Albaicín de Grenade.

Nous allons revoir :

- **lexique :** les saisons, la ville, les transports, l'itinéraire,
- **grammaire :** le superlatif relatif, l'hypothèse.

Notre projet :

Préparer et présenter un voyage de fin d'année.

À la fin de l'unité, je serai capable de...

- Comprendre des préparatifs de voyage.
- Comprendre les attraits d'une ville.
- Dire le temps qu'il fera.
- Détailler un projet de voyage.

La Alhambra desde el mirador de San Nicolás en el Albaicín (Granada)

La Alhambra y el Albaicín de Granada

Pourquoi la ville de Grenade attire-t-elle autant de voyageurs?

Comme de nombreuses autres villes et villages du sud de l'Espagne, Grenade conserve d'importantes traces du passage des **différentes civilisations qui l'ont peuplée**, notamment de la **présence musulmane** qui a duré plusieurs siècles. Témoins uniques de ce passé, les palais et jardins de l'**Alhambra** ont été classés en 1984 au **Patrimoine mondial de l'UNESCO**, puis le quartier de l'**Albaicín** en 1994. Des millions de touristes les visitent chaque année.

Découvre ce patrimoine, pp. 76-77

Las chicas están:

○ tristes ○ decepcionadas ○ contentas ○ deprimidas ○ serias

LECCIÓN 1

¿Adónde iremos de viaje?

- ✔ Projeter un voyage
- ✔ Le futur des verbes réguliers

La promesa de un viaje

Al final del curso escolar, un grupo de estudiantes recibe la visita de Don Santiago, el rector de la universidad.

LALO: El señor rector nos tiene prometida una buena noticia. Helo aquí[1].

DON SANTIAGO: En efecto: una gran noticia para todos vosotros y para la Universidad. (*Expectación*)

Nuestro viaje de estudios por el Mediterráneo ha sido acordado ya. Dentro de ocho días zarparemos[2] en el barco "Ciudad de Cádiz".

TODOS: ¡Hurra don Santiago!

RIVERA: ¿Quiénes van por fin?

DON SANTIAGO: Irán representaciones de las distintas facultades. Por lo que se refiere a vuestro grupo, vais todos. (*Exclamaciones de alegría. Empiezan a descorcharse[3] las botellas.*)

FLORA: Un crucero de dos meses. ¡Juntos!

LALO: El barco es magnífico. A lo mejor hasta naufragamos.

FLORA: ¡Tocaremos[4] en Atenas!

RIVERA: ¡Llegaremos al Mar Rojo!

LALO: Y veremos Egipto, Mario.

AGUILAR: Brindemos[5], don Santiago.

DON SANTIAGO: Gracias, gracias. (*Sale mientras brinda Lalo.*)

Alejandro Casona (autor español), *Nuestra Natacha*, 1936 - Adaptado

1. *Le voici* - **2.** *nous lèverons l'ancre* - **3.** *déboucher* - **4.** *Ici, nous ferons escale* - **5.** *Levons notre verre*

VOCABULARIO

Audio 23va4402

- **un crucero:** *une croisière*
- **el equipaje:** *les bagages*
- **una maleta:** *une valise*
- **un viaje:** *un voyage*
- **LLEGAR:** *arriver*
- **PLANEAR:** *prévoir*
- **VIAJAR:** *voyager* (**en avión:** *en avion*, **en barco:** *en bateau*, **en coche:** *en voiture*, **en tren:** *en train*, **en bici(cleta):** *à vélo*)

Escucha

Audio 23va4401

1 a. Completa las frases oralmente.

La mujer quiere...

Al hombre no le gustan...

b. Di adónde irán y quién planificará el viaje.

Lee

2 Subraya en el texto con colores diferentes...

- los personajes,
- las muestras de alegría,
- los lugares que visitarán.

3 ¿Verdadero o falso? Justifica oralmente.

- Zarparán dentro de dos días. ◯ V ◯ F
- Todos están muy contentos. ◯ V ◯ F
- Viajarán con otros estudiantes. ◯ V ◯ F

4 Completa con los verbos *viajar, ir, ver, durar* y *ser* en futuro.

Los estudiantes .... en un barco. .... a Grecia y a Egipto. .... el Mar Rojo. El crucero .... dos meses. .... un viaje magnífico.

Dialogad

MEDIACIÓN

5 En grupos, debatid sobre el mejor medio de transporte para hacer un viaje escolar a España.

a. Tres alumno(a)s del grupo tienen criterios diferentes: la ecología, la velocidad, el precio. El(La) cuarto(a) alumno(a) hace de mediador(a).

b. Presentad y justificad vuestra decisión final.

el Minuto cultural

Los alumnos españoles suelen hacer un viaje de fin de curso cuando terminan la educación secundaria obligatoria (*collège*) y el bachillerato (*lycée*) y un viaje de fin de estudios cuando acaban la carrera universitaria.

Le futur des verbes réguliers

On le forme avec l'**infinitif** + ***é, ás, á, emos, éis, án***

***Prepararé** las maletas e **iremos** al aeropuerto.*

→ Gramática p. 78

AHORA TÚ

Le futur des verbes réguliers

Escribe estas frases en futuro.

a. ¿Viajar (tú) el próximo verano?

....

b. Coger (yo) el tren con mi familia.

....

c. Llevar (nosotros) poco equipaje.

....

d. ¿Adónde ir (vosotros) de vacaciones?

....

¡Benditas vacaciones!

a. Mira la imagen e indica la respuesta correcta.
- La chica lleva ◯ poco equipaje ◯ mucho equipaje.
- Está ◯ preocupada ◯ contenta porque piensa que ◯ llega tarde ◯ se le olvida algo.

b. Escribe en la imagen el número correspondiente.
1. una cámara de fotos • **2.** una maleta • **3.** unas gafas de sol • **4.** un libro • **5.** el móvil • **6.** una guía turística • **7.** un bolso de viaje

c. Imagina las vacaciones de la chica (utiliza verbos en futuro).

FUERZA 1 ★ Su destino y el medio de transporte.

FUERZA 2 ★★ Su destino, el medio de transporte y algunas actividades.

....

....

■ Lara Romero (dibujante española), lararog.wixsite.com, 2022

....

....

....

....

....

....

....

Mi lección del día

Fecha:

Con método

Remarque et souviens-toi que toutes les terminaisons du futur ont un accent écrit, sauf *-emos*.

LECCIÓN 2 ¿Qué tiempo hará mañana?

- ✔ Comprendre le temps qu'il fera
- ✔ Le futur des verbes irréguliers

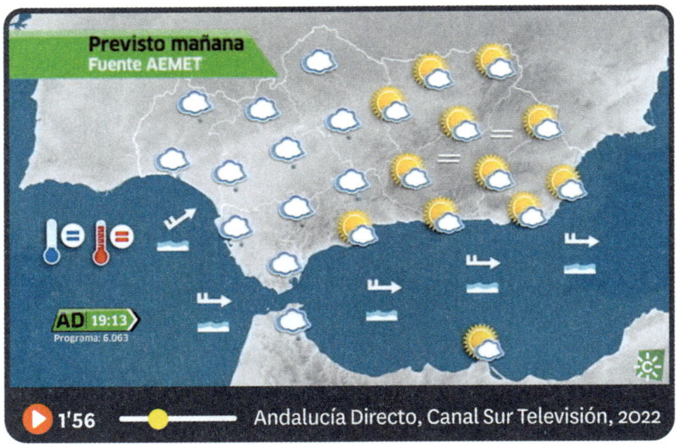

Habrá poesía

Mientras[1] las ondas de la luz al beso
palpiten encendidas,
mientras el sol las desgarradas[2] nubes
de fuego y oro vista;
mientras el aire en su regazo[3] lleve
perfumes y armonías,
mientras haya en el mundo primavera,
¡habrá[4] poesía!

Gustavo Adolfo Bécquer (autor español),
Rima IV (Siempre habrá poesía), 1870

1. *Tant que* - 2. *déchirées* - 3. *en son sein* - 4. *il y aura*

el Minuto cultural

En Andalucía, el clima es principalmente mediterráneo. Pero también puede hacer mucho frío en las montañas (sierras) y muchísimo calor en las zonas desérticas.

VOCABULARIO

Audio 23va4404

- un chubasco: *une averse*
- la lluvia: *la pluie*
- la nieve: *la neige*
- una tormenta: *un orage*
- el viento: *le vent*
- nublado/nuboso ≠ despejado: *nuageux ≠ dégagé*
- HACER frío ≠ HACER calor: *faire froid ≠ faire chaud*
- MANTENERSE: *se maintenir*
- SOPLAR: *souffler*

Lee

1 a. Escribe dos palabras del poema al lado de estos dibujos.

 el ....  las ....

b. Subraya las palabras que evocan la naturaleza.

c. El poeta pone en relación la poesía con una estación del año: ....

Mira el vídeo

Vidéo 23va4403

2 Indica:
- de qué comunidad autónoma se trata,
- por qué hay dos mapas de la región,
- qué presenta cada reportera.

3 Mira el mapa de la página 158 y sitúa Almería y Cádiz.

4 Para cada afirmación, indica si se refiere a Almería o a Cádiz.
- Tendrán cielos nubosos con posibilidad de precipitación. ....
- Tendrán lluvia por la mañana. ....
- Habrá que sacar el paraguas. ....
- Las temperaturas se mantendrán, con 9 grados de mínima y 18 grados de máxima. ....

5 Apunta otras informaciones.

FUERZA 1 ★ Una o dos informaciones:

....

....

FUERZA 2 ★★ Tres informaciones:

....

....

....

Habla

6 Indica el tiempo que hará mañana en tu región.

Le futur des verbes irréguliers

Le radical change mais les terminaisons sont les mêmes que pour les verbes réguliers.

haber → ***habr-*** ***hacer*** → ***har-*** ***tener*** → ***tendr-***

*Mañana, **tendremos** un tiempo agradable.*

→ Gramática p. 78

AHORA TÚ

Le futur des verbes irréguliers

Forma verbos en futuro ordenando las letras.

a. Haber: **ÁRBHA** ....

b. Tener: **ÉNRDESIT** ....

c. Hacer: **SOMAEHR** ....

d. Salir: **LÁNDRAS** ....

e. Poder: **ÉRPOD** ....

f. Venir: **RÁSVDEN** ....

Así se pronuncia allá

Audio 23va4405

As-tu remarqué l'**accent andalou** dans la vidéo?
En voici quelques caractéristiques:

- le ***s*** est aspiré devant une consonne,
- le ***-s* final** disparaît dans la plupart des mots.

Escucha:

Vamos a tener cielos bastante cubiertos con chubascos generalizados en la costa.

¡Nieve en Andalucía!

a. Imagina el tiempo que hará el día de la excursión.

....

b. Quieres hacer esta excursión con un(a) amigo(a). Escribe todos los argumentos que le puedes dar para convencerle(la). Emplea verbos en futuro.

Pasaremos el día junto(a)s. ....

....

....

....

....

....

Centro Información Juvenil Antequera, 2020

Mi lección del día

Fecha:

Con método

Pour mémoriser les futurs irréguliers, fais le parallèle avec le français des verbes "venir" (je viendrai) et "tenir" (je tiendrai).

LECCIÓN 3 Al-Ándalus: viaje hacia el pasado

- ✔ Comprendre des explications historiques
- ✔ L'apocope de *grande*

ANDALUCÍA

- Comunidad autónoma de España
- **Capital:** Sevilla
- **Localización:** sur de España

Renfe, 2012

El legado andalusí

Ochocientos años de dominación musulmana siguen vivos hoy en sus grandes monumentos arquitectónicos, donde se conserva el esplendor de una civilización que alcanzó[1] un grado extraordinario de desarrollo y refinamiento artístico. [...]

Andalucía tiene un gran patrimonio artístico y cultural que, en gran parte, le viene heredado[2] del mundo musulmán. El islam dejó una huella[3] en la cultura española que todavía perdura y se refleja en su música, en la gastronomía y hasta en su lengua, aunque es la arquitectura la que de un modo perpetuo ha dejado un legado[4] incalculable para los amantes de las humanidades y las artes.

Fernando Baquero, magellanmag.com, 2021

1. *atteignit* - 2. *hérité* - 3. *a laissé une trace* - 4. *un héritage*

VOCABULARIO

Audio 23va4406

- **una herencia / un legado:** *un héritage*
- **una huella:** *une trace*
- **un siglo:** *un siècle*
- **DEJAR:** *laisser*

Observa

¡Ya lo sé!

1 a. ¿En qué comunidad autónoma española puedes viajar con el tren al-Ándalus?

b. Cita otros medios de transporte que ves en el mapa. ¿Cuál prefieres? Justifica.

Lee

2 Al-Ándalus es el nombre que se da a...

- ◯ los amantes de las humanidades y las artes.
- ◯ la presencia musulmana en España.

3 Subraya en el primer párrafo cuánto tiempo duró al-Ándalus y sus características.

4 Apunta cuatro ámbitos que reflejan hoy el legado de al-Ándalus.

....

....

5 ¿Verdadero o falso? Justifica oralmente.

- Hay una gran huella del pasado en Andalucía. ◯ V ◯ F
- Todo el patrimonio andaluz es heredado del mundo musulmán. ◯ V ◯ F
- El texto da una visión negativa del legado andalusí. ◯ V ◯ F

Escribe

6 ¿Qué grandes monumentos heredados del pasado hay en tu región? ¿Te parecen interesantes? Escribe y justifica tus respuetas en la página Algo más al final de la unidad.

el Minuto cultural

Se llama "al-Ándalus" al territorio ibérico que estuvo bajo poder musulmán de 711 a 1492. De aquella época se conservan mezquitas, palacios y fortalezas.

L'apocope de *grande*

L'adjectif ***grande*** perd sa dernière syllabe **devant un nom singulier: *grande* → *gran***

*Es un patrimonio de **gran** valor.*

→ Gramática p. 79

AHORA TÚ

L'apocope de *grande*

Completa con "gran", "grande" o "grandes".

a. Haremos un .... viaje en verano.
b. La maleta que llevas es muy ....
c. Veo una .... plaza con monumentos ....
d. ¿Quieres viajar con esos dos .... bolsos?
e. Visitaré una .... ciudad y pueblos pequeños.

Tres monumentos únicos de al-Ándalus

Escucha el audio para hacer los ejercicios. Audio 23va4407

FUERZA 1 ★

a. Completa con el nombre de las ciudades.

- la Alhambra de ....
- la Mezquita de ....
- la Giralda de ....

b. Relaciona cada monumento con su característica.

- la Alhambra •	• la torre de la catedral
- la Mezquita •	• palacios, jardines y fortaleza
- la Giralda •	• 1.300 columnas

c. Escribe el número correspondiente en cada imagen.

FUERZA 2 ★★

Pon números en las imágenes y toma notas para presentar cada monumento.

....
....
....

Mi lección del día

Fecha:

Con método

Relis tes productions écrites attentivement : vérifie les terminaisons des verbes, les accords en genre et en nombre, et l'orthographe.

LECCIÓN 4 La ciudad más visitada de Andalucía

✔ Citer les attraits d'une ville
✔ Le superlatif relatif

Lee o mira el vídeo

Vídeo 23va4408

1 GRUPO A **Lee el texto y subraya cinco informaciones que caracterizan el Albaicín.**

GRUPO B **Mira el vídeo y memoriza al menos cinco informaciones sobre la Alhambra.**

GRUPO A: el Albaicín

Situado frente a la colina de la Alhambra, el Albaicín (o Albayzín) es el barrio más antiguo de Granada. Fue declarado Patrimonio de la Humanidad por la UNESCO por su valor universal ya que representa una muestra única y bien conservada de la arquitectura hispano-musulmana de la época medieval.

granadadirect.com -Adaptado

GRUPO B: la Alhambra

0'47 Canal Sur Turismo, 2020

Cartel del Día del Patrimonio Mundial, 2017

* x: por

Habla

2 **Observa el cartel e identifica qué lugares están unidos por el patrimonio.**

3 **Explica a un(a) compañero(a) lo que sabes del Albaicín o de la Alhambra.** MEDIACIÓN

4 **Completad estas frases:**
- *El Albaicín es el barrio más...*
- *La Alhambra es uno de los diez monumentos más...*

5 **Con tu compañero(a), presentad el cartel.**

VOCABULARIO

Audio 23va4409

- **una fortaleza / una alcazaba:** *une forteresse*
- **un barrio:** *un quartier*
- **un conjunto:** *un ensemble*
- **un palacio:** *un palais*
- **un patio:** *une cour*
- **ESTAR unido(s):** *être uni(s)*

Escribe

¡Ya lo sé!

6 **Indica si visitarás la Alhambra y el Albaicín si vas a Granada. Haz hipótesis con "quizás" y justifica.**

....

....

....

el Minuto cultural

Con tres millones de visitantes, la Alhambra de Granada es el monumento español más visitado cada año.

REPASO Le superlatif relatif

Quand le superlatif est **précédé d'un nom commun, on ne répète pas l'article.**

Es el monumento (Ø) más conocido de la ciudad.

→ Gramática p. 79

AHORA TÚ

Le superlatif relatif

Forma frases con estos elementos.

a. El Albaicín - barrio - bonito de Granada.

....

b. Granada, Sevilla y Córdoba - ciudades - turísticas de Andalucía.

....

....

Así se pronuncia

Audio 23va4410

• Le son de la lettre **"j"** provient **toujours du fond de la gorge**: *viaje*, *dejar*.

• Quand la lettre **"g" est suivie d'un "e" ou d'un "i"**, le son vient aussi **du fond de la gorge**: *coger*, *elegir*.

Escucha y repite:

Javier viaja ligero de equipaje.

Un paseo por Granada

a. Mira el documento e indica si las afirmaciones son verdaderas o falsas. Corrígelas si es necesario.

¡Ya lo sé!

- Para ir de la Plaza Nueva a la Alhambra, pasa por la Cuesta de los Chinos. ◯ V ◯ F
- Las murallas del Albaicín datan de la época árabe. ◯ V ◯ F

....

....

b. Indica el camino para ir del Corral del Carbón al Arco de Elvira. Utiliza el imperativo.

....

....

....

....

....

La Alhambra (Guías infantiles, Susaeta Ediciones), 2013

Mi lección del día

Fecha:

Con método

Lorsque tu dois réemployer des points de grammaire, pense à relire tes cours et les chapitres du manuel correspondants.

GRAMÁTICA

Saisis le code pour accéder à **plus d'exercices** sur **didier-clic.fr**

Le futur (verbes réguliers)

- Le futur est généralement accompagné d'une **expression de temps** : *mañana, dentro de (dos días / una semana / tres meses), el año próximo...*

  Dentro de un mes, *estaréis de vacaciones.*

- **FORMATION.** L'infinitif du verbe constitue le radical. On ajoute au radical les terminaisons : ***-é, -ás, -á, -emos, -éis, -án***

	HABLAR	APRENDER	VIVIR
yo	hablaré	aprenderé	viviré
tú	hablarás	aprenderás	vivirás
él/ella/usted	hablará	aprenderá	vivirá
nosotros(as)	hablaremos	aprenderemos	viviremos
vosotros(as)	hablaréis	aprenderéis	viviréis
ellos(as)/ustedes	hablarán	aprenderán	vivirán

- Les verbes ***ir*** et ***ser*** sont **réguliers au futur.**

  Iré a Córdoba en tren y será un viaje único.

1 Rodea los verbos conjugados en futuro.

hablamos - hablaremos - conoceréis - conocéis - pase - pasaré - visitarás - visitas - preparan - prepararán

2 Busca diez verbos en futuro.

R	S	S	E	E	S	T	A	R	É	E
E	Á	L	L	E	V	A	R	É	J	E
V	P	L	A	N	E	A	R	Á	S	O
I	R	E	V	U	R	A	A	O	C	N
S	R	G	V	I	E	L	M	I	N	Á
I	V	A	A	R	A	E	R	Á	N	E
T	I	R	A	S	R	J	R	R	O	S
A	R	E	R	E	E	I	A	M	É	O
R	É	M	V	U	V	R	R	R	A	C
Á	I	O	R	I	A	E	Á	O	Á	D
S	S	S	V	V	D	Ñ	S	N	L	M

Exercices supplémentaires 23va4411

Le futur (verbes irréguliers)

- **FORMATION.** L'infinitif du verbe ne constitue pas le radical. Chaque verbe irrégulier a un **radical propre**. On ajoute au radical les **mêmes terminaisons que pour les verbes réguliers** : ***-é, -ás, -á, -emos, -éis, -án***

infinitif → radical	
tener →	*tendr-*
hacer →	*har-*
decir →	*dir-*
venir →	*vendr-*
haber →	*habr-*
poder →	*podr-*
poner →	*pondr-*
salir →	*saldr-*

- Quand un verbe est composé à partir d'un de ces verbes, il est aussi irrégulier.

  tener → **mantener** → *mantendré*

  poner → **proponer** → *propondré*

  ...

  Les propondremos un viaje en barco.

3 Escribe las frases conjugando los verbos en futuro.

a. ¿Tienes tiempo para viajar?

....

b. Mi mejor amigo viene con nosotros.

....

c. Mis padres salen de viaje mañana.

....

d. ¿Ponemos un paraguas en la maleta?

....

e. Hay mucho viento en la costa.

....

4 Contesta utilizando verbos en futuro.

a. ¿Qué harás el próximo sábado?

....

b. ¿Cuántos años tendrás en 2037?

....

Exercices supplémentaires 23va4412

L'apocope de *grande*

On appelle "apocope" la disparition de la dernière lettre ou de la dernière syllabe d'un mot.

L'adjectif ***grande*** **perd sa dernière syllabe devant un nom singulier,** qu'il soit masculin ou féminin.

Haréis grandes viajes con un gran coche y una gran mochila.

Il n'y a pas d'apocope quand l'adjectif est derrière le nom ou en fin de phrase.

Llevamos una maleta grande.

5 Escribe las frases en español.

a. Voyager est ma grande passion.

b. De dix à vingt degrés, la différence est grande.

c. La mosquée de Cordoue est un grand monument.

d. Álvaro et Javier sont de grands amis.

e. Nous visiterons la grande cathédrale de Séville.

f. Tu feras un grand voyage cet été ?

Exercices supplémentaires 23va4413

REPASO Le superlatif relatif

Superlatif relatif de **supériorité** :

déterminant + nom + ***más*** + adjectif

Es el medio de transporte más rápido.

Superlatif relatif d'**infériorité** :

déterminant + nom + ***menos*** + adjectif

Es el medio de transporte menos ecológico.

En espagnol, contrairement au français, on ne répète pas le déterminant : *la ciudad* **Ø** *más turística (**la** ville **la** plus touristique).*

6 Pon las palabras en el orden correcto.

a. la / de / colina / Es / alta / Granada. / más

b. jardines / palacio. / más / agradables / del / Conocemos / los

c. ciudad. / la / menos / Estáis / en / museo / de / caro / el

d. del / menos / las / conocidas / barrio. / Son / calles

Exercices supplémentaires 23va4414

VOCABULARIO

Saisis le code pour accéder aux **flashcards** et à **plus d'exercices** sur **didier-clic.fr**

Los viajes

Audio 23va4415

Flashcards 23va4416

Exercices supplémentaires 23va4417

un autob**ú**s

un tren

un c**o**che

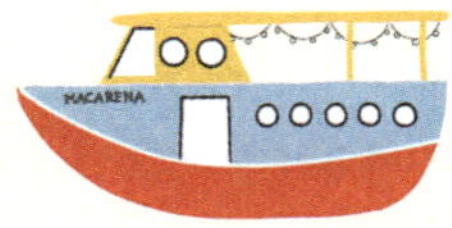

un b**a**rco

un avi**ó**n

el equip**a**je

una mal**e**ta

una moch**i**la

un b**o**lso de vi**a**je

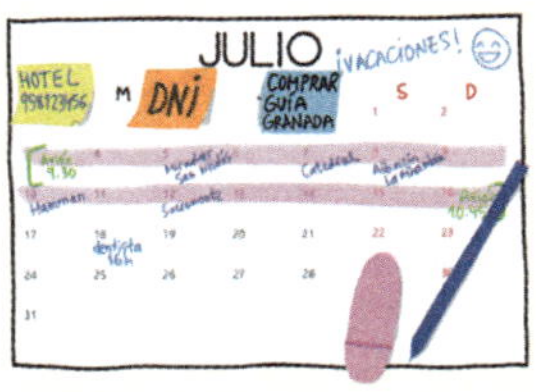

planific**a**r

and**a**r

sal**i**r

lleg**a**r

visit**a**r

hac**e**r f**o**tos

descans**a**r

J'enrichis mon vocabulaire

....

....

....

....

1 Escribe la palabra que corresponde a cada definición.

a. Es un medio de transporte terrestre sin ruedas.

→ ....

b. Es un medio de transporte que permite navegar.

→ ....

c. Lo que hacemos antes de un viaje.

→ ....

d. Está formado por diferentes maletas y bolsos de viaje. → ....

2 Responde a las preguntas.

a. ¿Qué medio de transporte prefieres?

....

b. ¿Viajas con una maleta, un bolso de viaje o una mochila?

....

c. ¿Quién planifica los viajes en tu familia?

....

d. Cuando viajas, ¿haces fotos con tu teléfono o con una cámara?

....

El tiempo

Audio 23va4418

Flashcards 23va4419
Exercices supplémentaires 23va4420

el sol

cielo despejado

una nube

la lluvia - llover [ue]

un chubasco

la nieve

el viento

cielo nublado/nuboso

una tormenta

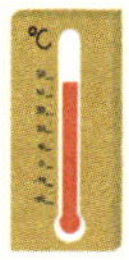
hacer calor

hacer frío

hacer buen tiempo

J'enrichis mon vocabulaire

....
....
....
....
....

3 **Indica con frases el tiempo que hace en tu región.**

a. En primavera: ....
....

b. En verano: ....
....

c. En otoño: ....
....

d. En invierno: ....
....

e. Hoy: ....
....

La ciudad

Audio 23va4421

Flashcards 23va4422
Exercices supplémentaires 23va4423

un barrio

una calle

un monumento

un palacio

un museo

una plaza

una bicicleta

los transportes públicos

pasear

girar

seguir [i]

4 **Completa con palabras de la lista.**

a. El .... de la Alhambra está situado en una colina.

b. .... del Albaicín tiene .... muy bonitas.

c. Para ver la ciudad ¿prefieres .... o coger los ....?

d. No sé si hay que .... a la derecha o .... todo recto.

J'enrichis mon vocabulaire

....
....
....
....
....

Recrearte

Francisco Pradilla (1848-1921)

Es un pintor español que representó en este cuadro de grandes dimensiones (330 cm x 550 cm) un momento importante en la historia de España. En 1492, después de perder la guerra de Granada, el sultán Boabdil se rinde[1] ante los Reyes Católicos y les entrega las llaves[2] de la ciudad.

¿Reconoces lo que hay en el último plano?

1. *se rend* - 2. *leur remet les clefs*

Francisco Pradilla, *La rendición de Granada*, 1882

1 **Subraya lo que se refiere a Boabdil y rodea lo que se refiere a los Reyes Católicos y sus acompañantes.**

con banderas • sin banderas • da la llave de la ciudad • recibe la llave de la ciudad • triste • satisfechos

2 **La entrega de las llaves de la ciudad significa que Boabdil:**

◯ renuncia a ser el sultán de Granada.
◯ invita a los Reyes Católicos a su casa.

3 **Observa los colores y asocia los elementos con flechas.**

Boabdil	el rey Fernando	la reina Isabel
el blanco	el negro	el rojo
la pureza	el poder	la pena

Con ritmo y buen tono

Romance de las tres manolas

Audio 23va4424

Granada, calle de Elvira,
donde viven las manolas[1],
las que se van a la Alhambra,
las tres y las cuatro solas.
Una vestida de verde,
otra de malva, y la otra,
un corselete[2] escocés
con cintas[3] hasta la cola[4]. [...]
¿Quiénes serán aquellas tres
de alto pecho y larga cola?
¿Por qué agitan los pañuelos[5]?
¿Adónde irán a estas horas?
Granada, calle de Elvira,
donde viven las manolas,
las que se van a la Alhambra,
las tres y las cuatro solas.

Federico García Lorca,
Doña Rosita la soltera, 1934

Ignacio Zuloaga, *Una manola*, hacia 1913

1. *jeunes filles élégantes des quartiers populaires* - 2. *un corselet (vêtement)* - 3. *des rubans* - 4. *bas de la robe* - 5. *les mouchoirs*

1 **Escucha el poema y rodea la vocal que más oyes:**
A - E - O - U

2 **El poeta hace referencia a una ciudad con esta vocal. ¿Sabes cuál?**

3 **En parejas, memorizad y recitad el poema: los versos en negrilla junto(a)s, los otros versos solos(as).**

Proyecto

EN EQUIPO. **Planificamos un viaje de fin de curso y lo presentamos.**

Visita a la Mezquita de Córdoba durante un viaje de fin de curso.

1 Elegid un destino.

Decidid qué ciudad(es) de Andalucía, con monumentos árabes, visitaréis.

2 Planificad el viaje.

- Elegid la fecha y el medio de transporte.
- Mencionad el tiempo que hará.
- Pensad en el equipaje necesario.
- Presentad la(s) ciudad(es) y planificad las visitas que haréis.
- Dad informaciones sobre los monumentos andalusíes que veréis.

3 Mostrad imágenes.

Seleccionad imágenes y cread un diaporama o documento con ellas.

4 Tomad la palabra.

Presentad vuestro proyecto de viaje de fin de curso a la clase.

Dans votre présentation, utilisez :

- le lexique des voyages (p. 80)
- le lexique de la météo (p. 81)
- le lexique de la ville (p. 81)
- le futur des verbes réguliers et irréguliers (p. 78)
- l'apocope de *grande* (p. 79)
- le superlatif relatif (p. 79)

Le petit +!
Votez pour connaître le projet de voyage qui plaît au plus grand nombre.

Tomad notas aquí:

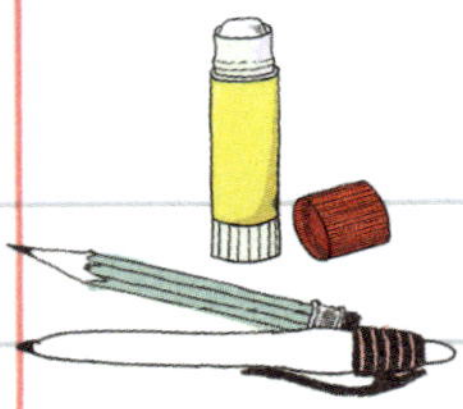

¿Algo más?

Ici, je peux prendre des notes ou coller des documents.

ÉVALUATIONS

Au terme de cette unité, ton/ta professeur(e) te distribuera les fiches pour **évaluer tes connaissances et tes compétences**.

+ prof

Fiches et audio pour les évaluations

- Comprendre des préparatifs de voyage.
- Comprendre les attraits d'une ville.
- Dire le temps qu'il fera.
- Détailler un projet de voyage.

5 Unidad

Al natural

¿Cómo convivir con la Madre Tierra?

Dans cette unité, nous allons :

- comprendre et donner des conseils,
- exprimer des données chiffrées,
- formuler une volonté,
- comprendre des informations détaillées.

Nous partirons à la découverte :

de quelques symboles nationaux du Costa Rica, de sa faune et de ses communautés indigènes ainsi que de l'île Cocos (*Isla del Coco*).

Nous allons revoir :

- **lexique :** les nombres,
- **grammaire et conjugaison :** le gérondif, le présent du subjonctif.

Mon projet :

Créer et lire un texte pour la voix off d'un reportage sur le Costa Rica.

À la fin de l'unité, je serai capable de…

- Comprendre un message touristique.
- Donner des conseils environnementaux.
- Comprendre un témoignage.
- Rédiger un dialogue sur la protection des animaux.

Carlos Hiller (pintor argentino), *El gran rodeo II*, Isla del Coco, 2016

Patrimonio natural y cultural de la UNESCO

El parque nacional de la Isla del Coco

Quelle est l'utilité d'un parc national ?

Située à 550 km de la côte pacifique du Costa Rica, l'île Cocos (*la Isla del Coco*) bénéficie d'un **emplacement unique** à la croisée de plusieurs courants et écosystèmes marins. **Sa faune et sa flore terrestres et marines exceptionnelles, remarquablement conservées**, lui ont valu d'être **classée au Patrimoine Mondial de l'UNESCO** en 1997.

Découvre ce patrimoine, pp. 96-97

¡Ya lo sé!

La Isla del Coco es una reserva para la fauna silvestre. ¿Cuántos tiburones ves?

.... Escribe la cifra con letras: ....

LECCIÓN 1 El perezoso, símbolo de Costa Rica

✔ Comprendre et donner des conseils
✔ L'obligation impersonnelle

COSTA RICA
- País de América Central
- **Capital:** San José
- 6 millones de costarricenses

Sloth Conservation (fundación costarricense), *Maravillosos perezosos*, 2018

Observa

1 a. Fíjate en la foto y di si el perezoso es:

◯ un reptil ◯ un mamífero
◯ un animal silvestre ◯ una mascota

b. Descríbelo brevemente y haz hipótesis sobre su carácter.

Escucha

Audio 23va4501

2 a. ¿Cuántos símbolos nacionales tiene Costa Rica? Apunta dos de ellos.

◯ 6 ◯ 16 ◯ 26

....

b. ¿Quiénes son los "ticos"?

....

....

3 Completa.

Tanto los perezosos como los ticos tienen una actitud ...., una vida .... y poco ....

4 Copia la frase que significa "Il faut les défendre contre l'activité humaine".

....

....

5 Cita los peligros precisos que amenazan a los perezosos.

Lee y escribe

¡Ya lo sé!

6 Fíjate en el cartel e imita con movimientos cada consejo.

7 Redacta (en la página Algo más) cuatro frases para explicar cómo proteger a los perezosos. Utiliza "(no) hay que".

el Minuto cultural

Costa Rica es uno de los países más ecológicos y ecologistas del mundo. El gobierno ha prohibido la caza y está cerrando los parques zoológicos. También castiga severamente la violencia hacia las mascotas.

L'obligation impersonnelle ("il faut")

***Hay que* + infinitif**

***Hay que** respetar la naturaleza, **no hay que** destruirla.*

→ Gramática p. 98

AHORA TÚ

L'obligation impersonnelle ("il faut")

Subraya la propuesta correcta.

a. Hay ***de* / *Ø* / *que*** conocer los símbolos nacionales de Costa Rica.

b. Hay que ***protege* / *proteger* / *protegen*** la flora y la fauna.

c. ***Hay no* / *No hay*** que destruir el hábitat de los animales salvajes.

d. Hay que ***viajas* / *viajamos* / *viajar*** a Costa Rica para descubrir el país.

Así se pronuncia allá

Audio 23va4502

Contrairement à la plupart des hispanophones, les Costaricains roulent très peu le **double "r"**.

Escucha:

El perro de Ricardo aterroriza al perezoso de Costa Rica.

El escudo de Costa Rica

Vidéo 23va4503

Mira el vídeo para conocer otro de los símbolos nacionales de Costa Rica.

a. Dibuja los elementos que faltan en el escudo y coloréalo.

b. Apunta el significado de cada elemento.

- marco dorado
  → ....
- tres volcanes
  → ....
- el color verde
  → ....
- el color azul
  → ....
- los dos buques mercantes
  → ....
- las siete estrellas
  → ....

Mi lección del día

Fecha:

Con método

Avant d'écouter un audio ou de regarder une vidéo, lis les questions qui y sont associées : elles te donneront des pistes pour comprendre, et peuvent même comporter un élément de réponse !

LECCIÓN 2 Pueblos indígenas y biodiversidad

- ✔ Exprimer des données chiffrées
- ✔ Les nombres et les pourcentages

En los territorios indígenas se encuentra:

16% de los bosques húmedos[1]

14,8% de los humedales[2]

5,5% de los manglares[3]

1728 km2 de áreas protegidas y refugios de vida silvestre

En Costa Rica un 2,4% de su población es indígena

8 Pueblos Indígenas:
Bribris, Cabécares, Borucas o Bruncas, Chootegas, Huetares, Malekus o Guatusos, Ngöbes o Guaymíes, Térrabas o Teribes

24 territorios indígenas

Los pueblos indígenas han utilizado de forma sostenible la biodiversidad desde sus prácticas milenarias, costumbres, alimentación, espiritualidad y medicina.

PNUD Costa Rica (Programa de las Naciones Unidas para el Desarrollo), 2022

1. *forêts humides*
2. *zones humides*
3. *mangroves (végétation des marais)*

Dialogad

1 Dialoga con tus compañeros para proponer una definición de la palabra "biodiversidad".

Observa y lee

2 Elige una definición para la palabra "indígenas".

◯ Primeros habitantes de un territorio.
◯ Habitantes que no viven en una ciudad.

3 ¿Son verdaderas o falsas las afirmaciones siguientes?

a. Los indígenas representan una gran proporción de la población costarricense. ◯ V ◯ F

b. Los indígenas suelen respetar la naturaleza. ◯ V ◯ F

c. Más del 20 % de los bosques húmedos de Costa Rica están en los territorios indígenas. ◯ V ◯ F

4 Escribe en letras los números siguientes y di a qué corresponden.

a. el 14,8 %: ....

....

b. 1 728 km^2: ....

....

Habla

5 Elige una forma de utilizar la naturaleza por los indígenas y explica por qué te parece interesante.

el Minuto cultural

Las religiones de los pueblos indígenas de Costa Rica son diferentes, pero tienen un punto común: todas veneran elementos de la naturaleza, y en particular a la Madre Tierra.

VOCABULARIO

Audio 23va4504

- una costumbre: *une habitude*
- un(a) defensor(a): *un(e) défenseur(e)*
- el desarrollo sostenible: *le développement durable*
- un km^2 = un kilómetro cuadrado
- el medio ambiente: *l'environnement*
  → medioambiental: *environnemental*
- CONVIVIR (con): *cohabiter (avec)*

REPASO Les nombres et les pourcentages

- Les **nombres** sont tous invariables, sauf les centaines et les millions.

*En Costa Rica viven **doscientas** veintisiete (227) especies de mamíferos.*

- Il faut toujours un article devant un **pourcentage**.

***El** 2,4 % de la población costarricense es indígena.*

→ Gramática p. 99

Les nombres et les pourcentages

Escribe en letras.

a. 79: ....

b. 533: ....

c. 2124: ....

d. 6842612: ....

....

Escucha y repite: Audio 23va4505

*"Con tan solo **51100** km² de superficie, en Costa Rica habitan más de **500000** especies, lo que representa el **6%** de la biodiversidad mundial."*

Una fauna excepcional

a. **Encuentra en la lista el nombre de cada animal en el cuadro y apúntalo.**

el colibrí | el jaguar | el loro | la mariposa | el tucán | el perezoso | el puma | la rana de ojos rojos

b. **Observa el cuadro y prepara su presentación oral. No transcribas todo lo que vas a decir, toma solo unas notas por escrito.**

a la derecha | a la izquierda | en el centro | arriba | abajo

....

....

....

....

....

Jaguar-Lapa, Kamel González R. B. (pintor costarricense), 2018

Mi lección del día

Fecha:

Con método

Pour t'entraîner avec tes camarades, défie-les à tout moment de la journée en leur montrant un papier avec un nombre : ils devront le dire ou l'écrire en espagnol !

LECCIÓN 3 Hay turismo y turismo...

✔ Formuler une volonté
✔ *Querer que*

GRUPO A

–¿El Refugio Gandoca es ahora Patrimonio de la Humanidad?
–Prácticamente.
–Mire, Sergei, en ese Patrimonio de la Humanidad están ocurriendo cosas muy graves. Vea esto: detrás de mi casita, en la playa del Árbol de Uva, de pronto una señora francesa va a hacer dieciséis cabinas[1], un restaurante y una "discotheque". Al lado de ella están las ocho cabinas de don Wallis Black. Al lado de don Wallis [...] un canadiense quiere construir un hotel de doscientas habitaciones. Todo esto en un diámetro de ochocientos metros. Con tanta gente la vida silvestre va a huir[2].

Anacristina Rossi (escritora costarrincense), *La loca de Gandoca*, 1992

1. *bungalows* - **2.** *fuir*

GRUPO B

"Somos descendientes de los habitantes de estas tierras hace más de 5 000 años", dice Jeffrey Villanueva. El territorio indígena Térraba cuenta con 9 357 hectáreas y alrededor de 2 000 habitantes.
"Estamos en proceso de restaurar los bosques que en algún momento fueron arrasados[1] por la ganadería[2] y la expansión de la agricultura". "El turismo lo vemos como una oportunidad socio-económica", dice Jeffrey, "pero también de poder compartir[3] esos conocimientos y saberes de cómo convivir con la madre tierra, cómo cuidarla, que no todo pasa por destruir la naturaleza o por hacer más dinero, sino que debe haber un equilibrio con la naturaleza".

Turismo en Costa Rica, El colectivo 506, 2022 - Adaptado

1. *ravagés* - **2.** *l'élevage* - **3.** *partager*

el Minuto cultural

Costa Rica es uno de los líderes mundiales del turismo verde o sostenible. Reconoce la protección del medio ambiente en su Constitución.

Lee

GRUPO A

1 Subraya en el texto las informaciones siguientes:

a. el lugar donde vive la narradora
b. el número de construcciones previstas
c. la nacionalidad de los promotores

2 Di a qué corresponden las cifras 200 y 800.

3 ¿Cuál es la consecuencia de los proyectos inmobiliarios?

GRUPO B

1 Presenta a la persona que habla.

2 Di a qué corresponden las cifras 2 000 y 9 357.

3 a. Explica de qué manera Jeffrey y su comunidad cuidan a la naturaleza.
b. ¿Proponen un turismo de masas, de lujo o verde? Justifica tu respuesta.

Dialogad

MEDIACIÓN

¡Ya lo sé!

4 En grupos, poned en común los tipos de turismo presentados. Explicad y justificad:
- cómo la narradora y Jeffrey quieren y no quieren que sea el turismo,
- cuáles son las consecuencias del turismo sobre el medio ambiente.

5 El portavoz de cada grupo concluye diciendo si la visión del turismo es la misma 30 años después.

VOCABULARIO

Audio 23va4506

- **el turismo de sol y playa:** *le tourisme balnéaire*
- **el turismo verde:** *le tourisme écologique*
- **respetuoso(a):** *respectueux(euse)*
- **DENUNCIAR:** *dénoncer*
- **DESFIGURAR:** *défigurer*
- **QUEJARSE:** *se plaindre*
- **RESPETAR:** *respecter*

Querer que

Pour exprimer une volonté :
querer [ie] ***que*** **+ subjonctif présent**
Queremos que *la playa esté limpia.*

→ Gramática p. 98

AHORA TÚ

Querer que

Escribe las frases en español.

a. Je veux que tu visites le Costa Rica. ....

b. Les habitants veulent que nous respections leur pays. ....

c. Veux-tu que je t'explique ce qu'est le tourisme vert? ....

Mis vacaciones en Costa Rica

Observa los tipos de actividades que propone la agencia de viaje "Pura vida".
Escríbele un mail para explicar cómo quieres que sean tus vacaciones en Costa Rica.

Viajes Pura Vida, 2022

Nouveau message

À:

....

....

....

....

....

....

....

....

....

....

....

....

....

Mi lección del día

Fecha:

Con método

Lorsque tu effectues un travail en groupe, sois atentif/ve aux idées de tes camarades et complète-les avec les tiennes.

LECCIÓN 4 Fantástica isla del Coco

Patrimonio natural y cultural de la UNESCO

✔ Comprendre des informations détaillées
✔ L'expression de la manière

La isla misteriosa del Pacífico, 2019

Campaña costarricense, 2021

Desde el siglo XVII, existen varias leyendas sobre piratas y tesoros escondidos en la isla del Coco, lo que le inspiró a Stevenson su famosa novela *La isla del tesoro*.

VOCABULARIO

Audio 23va4508

- un camarote: *une cabine (de bateau)*
- un paquete turístico: *un forfait touristique*
- un pez, peces: *un poisson, des poissons*
- BUCEAR: *faire de la plongée*
  → el buceo: *la plongée*
- DISFRUTAR: *profiter, passer du bon temps*
- HOSPEDAR: *abriter*
  → el hospedaje: *l'hébergement*

Observa

1 Observa el cartel y descríbelo. Da también dos informaciones sobre la isla del Coco.

Mira el vídeo

Vidéo 23va4507

Primera parte

2 Subraya las respuestas correctas.

La isla del Coco está en el océano ***Atlántico*** / ***Pacífico***. Es un parque ***nacional*** / ***regional*** desde hace ***cuarenta*** / ***cincuenta*** años. Aparece en muchos ***títulos*** / ***libros*** / ***películas*** / ***novelas***.

Segunda parte

3 Apunta dos indicaciones para visitar la isla.

....

....

....

....

4 Completa.

Aquí los amantes del .... pueden darse un gusto .... la riqueza .... y las .... que la habitan .... un paisaje .... y ....

5 Apunta lo que declaró Jacques Cousteau a propósito de ella.

....

Tercera parte

6 ¿Cómo se dice?

géante: .... une baleine: ....

minuscule: .... un requin: ....

Habla

7 Resume el vídeo en un minuto, explicando:

- cuáles son las características de la isla,
- cómo se puede ir hasta ella y visitarla,
- cómo se puede disfrutar de ella.

L'expression de la manière (gérondif)

Le gérondif sert à traduire la structure française "en + participe présent".

- verbes en ***-ar*** → ***-ando***
- verbes en ***-er*** et ***-ir*** → ***-iendo***

*Descubrimos la isla **explorando** su flora.*

→ Gramática p. 99

AHORA TÚ

L'expression de la manière (gérondif)

Completa las frases utilizando estos verbos en gerundio: hacer, describir, viajar, proteger.

a. Se puede aprender sobre Costa Rica .... su escudo.

b. Evita molestar a los perezosos .... fotos sin flash.

c. Los indígenas preservan la biodiversidad .... la naturaleza.

d. Veremos muchos animales .... a Costa Rica.

Así se pronuncia

Audio 23va4509

Beaucoup de noms et d'adjectifs qui se terminent par le suffixe ***-ico/-ica***, lorsque ce ne sont pas des diminutifs, portent un **accent écrit sur leur avant-avant-dernière syllabe**. Il faut donc les prononcer en insistant sur celle-ci.

Escucha y repite:

Ártico, Atlántico, Antártico... ¡qué problemático!

Protegiendo la fauna marina

a. Sitúa la isla del Coco.

....

....

b. ¿Cómo se llama el otro grupo de islas donde también se protege la naturaleza? ¿A qué país pertenece?

....

c. Aprende de memoria esta definición.
Una *migravía* es un corredor biológico entre la isla del Coco y Galápagos para proteger especies que transitan entre las islas.

d. Observa las formas de los animales y sus nombres. Después, tapa la imagen y di de qué animal se trata.

ameliarueda.com (Costa Rica), 2020

Mi lección del día

Fecha:

Con método

Si tu sais dessiner, fabrique des *flash cards* personnalisées pour réviser le vocabulaire.

GRAMÁTICA

Saisis le code pour accéder à **plus d'exercices** sur **didier-clic.fr**

L'obligation impersonnelle

L'équivalent de "il faut" est :

***hay que* + infinitif**

Cette structure **invariable** sert à exprimer un **conseil** ou un **ordre**.

*Hay que **proteger** las especies en vías de extinción.*

On peut aussi utiliser les structures équivalentes :

***es necesario* + infinitif**
***hace falta* + infinitif**

*Es necesario **defender** el medio ambiente.*
*Hace falta **construir** menos hoteles en la playa.*

1 Construye frases a partir de estos elementos.

a. hábitat / los / Hay / el / respetar / perezosos / que / de

....

b. la / defender / que / Costa / Hay / de / fauna / Rica

....

c. que / perezosos / hay / a / tocar / los / No

....

d. nacionales / conocer / necesario / símbolos / Es / los

....

Exercices supplémentaires 23va4510

Querer que

Pour **exprimer une volonté**, on utilise le verbe ***querer*** [ie] qui est un verbe à diphtongue.

Quiero descubrir Costa Rica.

Quand **on veut que quelqu'un fasse quelque chose**, on utilise la structure :

***querer* [ie] *que* + subjonctif**

*Los indígenas quieren que los turistas **respeten** el medio ambiente.*

Rappel de la conjugaison de ***querer*** [ie] au présent de l'indicatif :

	QUERER
yo	quiero
tú	quieres
él/ella/usted	quiere
nosotros(as)	queremos
vosotros(as)	queréis
ellos(as)/ustedes	quieren

2 Completa con las seis personas del verbo "querer".

3 Conjuga los verbos entre paréntesis.

a. Queremos que los perezosos (VIVIR) .... tranquilos.

b. ¿Quieres que te (DECIR, yo) .... cuáles son los animales más increíbles de Costa Rica?

c. Quiero que (CONTAR, tú) .... cuántos hoteles hay en esta playa.

d. El jefe indígena quiere que su comunidad (DESARROLLARSE) .... gracias al turismo verde.

Exercices supplémentaires 23va4511

REPASO Les nombres et les pourcentages

Les unités et dizaines

- **de 1 à 30 :** les nombres s'écrivent en **un seul mot**.
- **à partir de 31 :** il y a un ***y* entre les dizaines et les unités**.

cero	diez	veinte	treinta
uno	once	veintiuno	treinta y uno
dos	doce	veintidós	
tres	trece	veintitrés	cuarenta
cuatro	catorce	veinticuatro	cincuenta
cinco	quince	veinticinco	sesenta
seis	dieciséis	veintiséis	setenta
siete	diecisiete	veintisiete	ochenta
ocho	dieciocho	veintiocho	noventa
nueve	diecinueve	veintinueve	

Les centaines

- le nombre "cent" se dit ***cien*** mais il devient ***ciento*** devant un autre nombre, sauf devant *mil* et *millones*.

cien especies amenazadas
*ciento **cincuenta** especies amenazadas*
*cien **mil** especies amenazadas*

cien
doscientos
trescientos
cuatrocientos
quinientos
seiscientos
setecientos
ochocientos
novecientos

Les milliers, millions et milliards

- ***mil*** est invariable.
  2388: dos mil trescientos ochenta y ocho
- ***millón*** devient ***millones*** au pluriel
  cinco millones de habitantes
- "milliard" se dit ***mil millones***
  siete mil millones de seres humanos

Les pourcentages

- "% (pour cent)" se dit ***por ciento*** et est invariable.
- On met toujours un article devant un pourcentage.
  el 50,5% del territorio ("virgule" se dit ***coma***)

4 Cuenta en voz alta, sin mirar tu libro.

a. de 0 a 20, y después de 20 a cero
b. de dos en dos, cifras impares, entre 1 y 21
c. de diez en diez, de 22 a 122
d. de cien en cien, de 166 a 1066

5 Escribe en cifras.

a. Quinientos sesenta y seis: ....
b. Cuatro mil setecientos ocho: ....
c. Cincuenta millones: ....
d. Mil trescientos millones cuarenta y tres mil novecientos noventa y nueve: ....
e. quinientos mil ochocientos veintidós: ....

6 Escribe en letras.

a. 42 500: ....
b. 120 225: ....
c. 938: ....
d. 3 000 000: ....
e. 1 111 111 111: ....
....

7 Transforma en porcentajes y escríbelos con letras.

a. 5 de cada 10 parques nacionales: ....
....
b. 10 de cada 100 costarricenses: ....
....

Exercices supplémentaires 23va4512

L'expression de la manière (gérondif)

Pour expliquer **de quelle manière on fait une action**, on peut utiliser le **gérondif**. Il est l'équivalent de la structure française "en + participe présent".

Defendemos los animales salvajes participando en campañas de prevención.

FORMATION :

Infinitif	remplacé par	exemples	
-ar	**-ando**	visitar	→ **visitando**
-er	**-iendo**	proteger	→ **protegiendo**
-ir	**-iendo**	reducir	→ **reduciendo**

8 Contesta a las preguntas utilizando un verbo en gerundio.

a. ¿De qué manera protege Costa Rica a los animales marinos?
....
b. ¿Cómo se puede disfrutar de la isla del Coco?
....
c. ¿De qué manera se puede proteger a los perezosos?
....

Exercices supplémentaires 23va4513

VOCABULARIO

Saisis le code pour accéder aux **flashcards** et à **plus d'exercices** sur **didier-clic.fr**

Animales de Costa Rica

Audio 23va4514

Flashcards 23va4515

Exercices supplémentaires 23va4516

un colibrí

un jaguar

un loro

una mariposa

insectos

un perezoso

un puma

una rana

un tapir

un tucán

una ballena

un cocodrilo

un delfín

una manta

un pez

un tiburón

un tiburón martillo

una tortuga

J'enrichis mon vocabulaire

animales terrestres, animales marinos, ...

animales silvestres ....

....

1 Escribe el nombre de:

a. dos animales que pueden desplazarse tanto en la tierra como en el agua:

....

b. dos mamíferos que viven bajo el agua:

....

c. dos animales que vuelan:

....

d. dos predadores:

....

2 Para ti, ¿cuál es el animal de la lista más...?

- pequeño ....
- rápido ....
- bonito ....
- peligroso ....
- extraordinario ....

El medio ambiente

Audio 23va4517

Flashcards 23va4518

Exercices supplémentaires 23va4519

la naturaleza

el turismo de sol y playa

hacer turismo verde

proteger las especies

un parque nacional

un corredor biológico

la deforestación

una comunidad indígena

3 Completa este texto con palabras o expresiones de la lista.

En muchos países, se oponen dos tipos de turismo: el turismo de .... y el turismo ....
El primero puede causar la destrucción de la ...., en particular de las playas.
Al contrario, el segundo tipo de turismo quiere proteger el ....
En los parques nacionales, las .... suelen proteger ....
por ejemplo luchando contra la ....

La naturaleza

Audio 23va4520

Flashcards 23va4521

Exercices supplémentaires 23va4522

la fauna

la flora

un árbol

la selva

un volcán

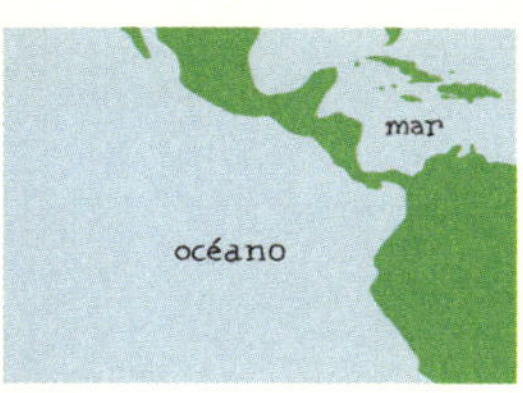

el océano - el mar

las olas

el sol

una isla

una playa

4 Busca la palabra que corresponde con cada definición.

a. Conjunto de plantas y árboles en medio tropical.

....

b. Mar grande.

....

c. Estrella luminosa en el centro del sistema planetario.

....

d. Montaña de la que puede salir humo y magma.

....

e. Distintas especies animales.

....

f. Porción de tierra rodeada de agua.

....

J'enrichis mon vocabulaire

....

....

....

Recrearte

PARCOURS D'ÉDUCATION ARTISTIQUE ET CULTURELLE

Kamel González Rojas Boruca (1978-)
Es un pintor costarricense que pertenece a la comunidad indígena boruca. Con sus obras que representan animales salvajes, quiere que nos concienciemos de la necesaria protección de la naturaleza y de las culturas indígenas. Su animal totémico es el jaguar.

¿Dónde se sitúa en el cuadro el animal totémico del artista?

Kamel González Rojas Boruca, *Tierra-Mar*, 2019

1 **¿Cómo se justifica visualmente el título del cuadro?**

2 **¿Qué animales reconoces en el cuadro?**

- ◯ una mariposa
- ◯ un perezoso
- ◯ una rana
- ◯ una ballena
- ◯ un tiburón
- ◯ un colibrí
- ◯ un tucán
- ◯ una tortuga

3 **Escribe el nombre de otros dos animales que reconoces:** ....

....

4 **¿Qué elemento reúne las dos partes del cuadro? ¿Qué simboliza?**

Teatro

Los árboles también sienten

Audio 23va4523

EDUARDO: ¡Mira lo que acabo de encontrar!, un gran árbol, ¿qué tal si podemos clavar unas maderas y así hacemos una casa de árbol, luego invitamos a todos nuestros amigos?

CECILIA: Claro hasta podemos hacer un club, empecemos por juntar unas maderas resistentes.

mieducativo.com, 2019

Vuestro(a) profesor(a) os dará el fragmento completo.

+ prof texte à photocopier

1 **Lee el texto y apunta qué personaje(s) experimenta(n) estos sentimientos.**

- la alegría: ....
- el miedo: ....
- la sorpresa: ....
- la pena: ....
- la comprensión: ....

2 **¿Qué mensaje transmite el texto?**

3 **En tríos, leed el texto en voz alta, con el tono adecuado para expresar los sentimientos de cada personaje.**

Proyecto

INDIVIDUAL. Creo y leo un texto para la voz en off de un reportaje sobre Costa Rica.

1 Mira el vídeo.

Vidéo 23va4524

- **Mira una primera vez el vídeo** entero y apunta los temas que presenta.
- **Vuelve a mirar el vídeo varias veces**, parándolo cada diez segundos para tomar apuntes sobre lo que ves.
- **Ayúdate con las indicaciones escritas** que aparecen de vez en cuando.

2 Busca ideas.

Busca en la unidad todo lo que te será útil para hablar de Costa Rica al comentar las imágenes.

3 Redacta el texto de la voz en off.

Escribe frases para comentar las imágenes del reportaje. Incluye en ellas:
- una introducción para presentar el país,
- estadísticas,
- una presentación de la fauna,
- la función de los parques nacionales,
- la oferta de turismo verde.

¡Tu texto debe dar ganas de visitar Costa Rica!

4 Entrénate a leer tu texto.

Lee tu texto varias veces en voz alta, con ritmo y buen tono.

5 Haz la voz en off del reportaje.

¡Cuidado, tus palabras tienen que corresponder a las imágenes!

Dans ton texte, utilise :
- le lexique des animaux sauvages (p. 100)
- le lexique de l'environnement (p. 101)
- le lexique de la nature (p. 101)
- l'obligation impersonnelle (p. 98)
- les nombres et les pourcentages (p. 99)
- l'expression de la manière (gérondif) (p. 99)

Le petit +!
Si tu maîtrises la technique, enregistre-toi pour que ta lecture soit vraiment la voix off du reportage!

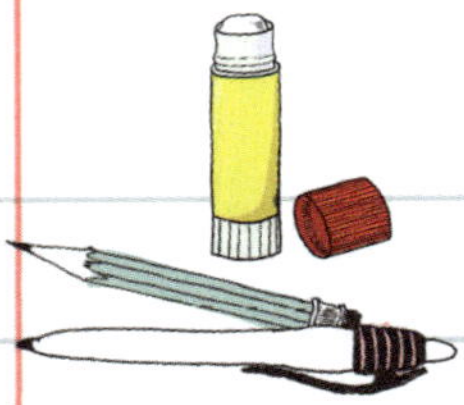

¿Algo más?

Ici, je peux prendre des notes ou coller des documents.

ÉVALUATIONS

Au terme de cette unité, ton/ta professeur(e) te distribuera les fiches pour **évaluer tes connaissances et tes compétences**.

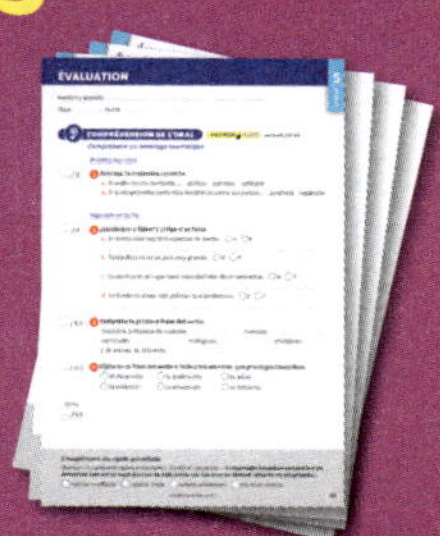

+ prof

Fiches et audio pour les évaluations

- Comprendre un message touristique.
- Donner des conseils environnementaux.
- Comprendre un témoignage.
- Rédiger un dialogue sur la protection des animaux.

6 Unidad

Así se comunicaban

¿Cómo ha evolucionado la forma de comunicarnos?

Dans cette unité, nous allons :

- comprendre les avantages et les inconvénients des réseaux sociaux,
- comprendre l'évolution d'une pratique,
- comparer des campagnes promotionnelles,
- expliquer un mode de communication traditionnel.

Nous partirons à la découverte :

des moyens de communication, des réseaux sociaux, des îles Canaries et du *silbo gomero*.

Nous allons revoir :

- **lexique :** la nature, le tourisme,
- **grammaire et conjugaison :** la comparaison, les verbes *ser* et *estar*.

Mon projet :

Rédiger un dialogue entre une grand-mère et sa petite-fille.

À la fin de l'unité, je serai capable de...

- Comprendre un reportage sur l'apprentissage du "silbo".
- Donner des informations sur les îles Canaries.
- Comprendre le message d'un texte.
- Décrire un dessin humoristique et donner mon opinion.

Patrimonio cultural inmaterial de la UNESCO

El silbo gomero

Comment les habitants de la Gomera communiquaient-ils ?

Les habitants de la Gomera (îles Canaries) utilisaient **le langage sifflé comme moyen de communication**. En raison de la géographie particulière de l'île, avec ses vallées, ses montagnes et ses ravins, ce langage permettait aux bergers de **communiquer à distance**. Aujourd'hui, **on enseigne le *silbo* aux enfants à l'école** pour que ce langage se perpétue sur l'île. En 2009, le *silbo* a été **classé au Patrimoine culturel immatériel de l'humanité par l'UNESCO**, une fierté pour les *gomeros y gomeras*.

Découvre cette tradition, pp. 116-117

Bernard Romain, *El silbo gomero*, 2015

¡Ya lo sé!

¿Qué elementos de la naturaleza reconoces?

○ playa ○ árbol ○ cielo ○ sol ○ viento ○ montaña ○ desierto ○ mar

LECCIÓN 1 Las redes sociales: ¿tan malas?

✔ Comprendre les avantages et les inconvénients des réseaux sociaux
✔ Les verbes sans préposition

Sara Jotabé (autora e ilustradora española), *Te cogí*, 2022

VOCABULARIO

Audio 23va4602

- **una cuenta:** *un compte*
- **un(a) seguidor(a):** *un follower*
- **un(a) usuario(a):** *un(e) utilisateur(trice)*
- **AISLAR(SE):** *(s')isoler*
- **COMPARTIR:** *partager*
- **ENGANCHARSE a algo:** *devenir dépendant à qq chose*
- **MANTENERSE en contacto:** *être en contact*
- **PUBLICAR:** *publier*
- **SEGUIR [i]:** *suivre*

el Minuto cultural

Desde la forma de llamar a un autobús (*la guagua*) hasta llamar a una persona (*mi niño/a*) o expresar su alegría (*estar privado/a*), los canarios usan palabras típicas: los canarismos.

Observa

¡Ya lo sé!

1 **Según el dibujo, ¿las redes sociales tienen más ventajas o más inconvenientes? Justifica tu respuesta con dos ideas.**

Escucha

Audio 23va4601

2 **¿Claudia y Paula viven en la misma región?**

3 **Cita las redes sociales que oyes.**

4 **Completa las frases.**

a. Las redes sociales permiten .... y ....

b. En otros países impiden ....

5 **¿Quién dice qué?**

a. Ha encontrado a un antiguo amigo del cole.
◯ Claudia ◯ Paula

b. Ha decidido realizar recetas saludables.
◯ Claudia ◯ Paula

c. Se ha enterado de la erupción del volcán por las redes. ◯ Claudia ◯ Paula

d. Ha creado una cuenta para informar a la gente.
◯ Claudia ◯ Paula

6 **Completa.**

a. Paula promete a Claudia ....

b. Claudia intentará ....

Dialogad

7 **a. ¿Os sentís identificados(as) con este dibujo? ¿Por qué?**

b. Un(a) alumno(a) resume las opiniones del grupo. MEDIACIÓN

Les verbes sans préposition

permitir / intentar / impedir / decidir + **Ø infinitif**

*Las redes **permiten Ø dialogar** de forma instantánea.*

→ Gramática p. 119

Les verbes sans préposition

Escribe las frases en español.

a. Tiktok permet de partager des vidéos. ....

b. Mes parents m'empêchent d'utiliser Facebook. ....

c. Nous décidons de suivre l'actualité espagnole. ....

d. J'essaie de ne pas publier tous les jours. ....

TEST ¿Qué tipo de influencer eres?

¿Cuántas redes sociales utilizas?

- Solo Instagram.
- Facebook, Twitter e Instagram. Las más conocidas.
- Facebook, Twitter, Instagram, Snapchat, Tik Tok, Reddit…

¿Cuántos seguidores tienes en total?

- Unos diez.
- Unos cientos o así. No lo miro mucho.
- ¡Cientos de miles! #amorporlasredes

Cuando publicas algo, ¿sueles tener muchos comentarios de tus seguidores?

- Sí, de mi mamá.
- Sí, de mis amigos más cercanos.
- Sí un montón #emojis #mejordetodos

¿Qué tipo de contenido subes?

- Fotos de mi mascota.
- Lo que me gusta, depende.
- Fotos en la playa, en los restaurantes, en el cole, en el autobús… #mivida

¿Cuánto tiempo dedicas a las redes?

- Una hora al día.
- Dos o tres horas al día.
- Todo el día, desde que me levanto hasta que me voy a la cama. #jornadacompleta

RESULTADO

- **Si tienes una mayoría de** (globo): Eres un/a usuario/a ocasional, casi espectador/a de las redes. Te gustan eso sí, pero no son importantes en tu vida.
- **Si tienes una mayoría de** (persona): Eres una persona corriente, eres activo/a en las redes eso sí, pero prefieres el contacto cara a cara.
- **Si tienes una mayoría de** (casa): Eres un/a hiperconectado/a. Tienes perfil en todas las redes y publicas constantemente en ellas. Tu vida gira en torno a ellas. ¿Qué sería tu vida si no existieran?

Adaptado de la revista *El Jueves*, 2019

Mi lección del día

Fecha:

Con método

Pour progresser en compréhension orale et audiovisuelle, regarde des séries espagnoles ou latino-américaines en version originale sous-titrées si tu as la possibilité.

LECCIÓN 2

El amor en tiempos pasados

- ✔ Comprendre l'évolution d'une pratique
- ✔ L'imparfait de l'indicatif des verbes réguliers

Más fácil, pero menos especial

Qué tiempos aquellos en los que no existía el WhatsApp, la hora de conexión y el doble check azul. Cuando el amor venía en forma de cartas y no en fríos mensajes sobrecargados[1] de emojis. Cuando la única forma de escuchar a la persona a la que amábamos era viéndola en la calle o acercándonos a una cabina de teléfono callejera, y no enviando audios kilométricos.

Admitámoslo, la intermediación técnica también ha provocado que todo se vuelva[2] más instantáneo, más fácil, menos especial.

Paula, una usuaria[3] de Twitter, ha contado una anécdota que refleja[4] muy bien cómo era el amor en el siglo XX. "Mi abuelo le mandaba servilletas por correo a mi abuela de cada bar en el que se tomaba algo", ha contado @ppauliita22.

M. Guinot (periodista español), uppers.es, 2020

1. *surchargés* - 2. *devienne* - 3. *utilisatrice* - 4. *reflète*

VOCABULARIO Audio 23va4603

- **una carta de puño y letra:** *une lettre manuscrite*
- **una pareja:** *un couple*
- **antes/antaño ≠ ahora:** *avant/autrefois ≠ maintenant*
- **ENVIAR / MANDAR un mensaje de voz / una carta:** *envoyer un audio / une lettre*
- **QUEDAR con una persona:** *avoir rendez-vous avec qqn*

Observa

1 a. Da el otro nombre de La Palma.

b. Mira la servilleta y di todo lo que puedes acerca de ella: de dónde viene (mira el mapa de la página 158), lo que ves escrito.

Lee

2 Subraya tres palabras o expresiones relacionadas con WhatsApp.

3 Compara la manera de declarar el amor entre antes y ahora. Justifica con dos elementos.

4 Cita dos puntos positivos de los nuevos medios de comunicación.

5 ¿Cómo te parece la declaración de amor del abuelo? Explica tu respuesta.

- ◯ seria
- ◯ pasada de moda
- ◯ romántica
- ◯ lamentable

Escribe ¡Ya lo sé!

6 Entre la tradicional y la moderna, ¿qué manera de declarar el amor prefieres?

....

....

....

....

....

....

....

el Minuto cultural

En muchos bares de España encontrarás las típicas mini servilletas de papel para tapear. Muchas llevan la marca del bar y algunas personas incluso las coleccionan.

L'imparfait des verbes réguliers

On ajoute au radical les terminaisons :

- verbes en *-ar* :
  aba, abas, aba, ábamos, abais, aban
- verbes en *-er* ou en *-ir* :
  ía, ías, ía, íamos, íais, ían

→ Gramática p. 118

AHORA TÚ

L'imparfait des verbes réguliers

Completa las frases.

a. Ahora la gente manda mensajes, antes .... cartas.

b. Ahora usamos los móviles, antes .... teléfonos fijos.

c. Ahora no hay cabinas telefónicas, antes .... muchas.

d. Ahora pongo emojis en mis mensajes, antes no .... tantos.

Así se pronuncia

Audio 23va4604

Lorsque le "i" est avant ou après une autre voyelle, on le prononce moins fort que celle-ci sauf s'il porte un accent écrit.

Escucha y repite:

Los usuarios envían fríos audios.

Gojko Franulic, sephko.com, 2014

El amor: antes y ahora

a. **Observa y lee las viñetas. ¿Se hacía antes o se hace ahora?**

- Comunicarse todos los días. ....
- Ser más impacientes. ....
- Extrañar más a menudo al otro. ....
- Soportar la distancia. ....

b. **Imagina el diálogo entre Jess y su novio, cuando él vuelve a casa después de comprar el pan** (usa cuatro verbos en imperfecto).

....

....

....

....

....

....

....

Mi lección del día

Fecha:

Con método

Retiens que pour les terminaisons en ***-aba***, il y a un seul accent sur ***-ábamos*** et que pour celles en ***-ía***, il y en a un à toutes les personnes.

LECCIÓN 3 Campañas turísticas: antes y ahora

✔ Comparer des campagnes promotionnelles
✔ Différence entre *ser* et *estar*

ISLAS CANARIAS

- Tiempo: temperaturas entre 17°C y 24°C
- Pico más alto de España: volcán El Teide (3 718 metros)

Ministerio de Información y Turismo, 1971

Observa

1 Subraya las respuestas correctas.

a. Las islas Canarias se sitúan: en el mar Mediterráneo / en el océano Atlántico

b. El cartel promociona el turismo: verde / cultural / de sol y playa

Mira el vídeo

Vídeo 23va4605

2 Asocia cada isla con un elemento de la naturaleza.

1: las selvas | **2:** los volcanes | **3:** los árboles | **4:** la tierra | **5:** las cascadas | **6:** las playas | **7:** la arena | **8:** los monumentos de la naturaleza

3 Cita dos diferencias entre las campañas turísticas.

4 Explica el lema "La vuelta al mundo en 8 islas".

Habla

5 Imagina y graba tu propia campaña de promoción de las islas Canarias.

VOCABULARIO

Audio 23va4606

- la arena: *le sable*
- selvas frondosas: *des forêts luxuriantes*
- antiguo(a) ≠ moderno(a): *ancien(ne) ≠ moderne*
- BAÑARSE (en): *se baigner (dans)*
- DAR ganas: *faire envie*
- PROMOCIONAR: *faire la publicité*

el Minuto cultural

¿Sabías que la erupción en 2021 del volcán Cumbre Vieja (isla de La Palma) es la más larga de la historia de las islas? Duró 89 días.

REPASO Différence entre *ser* et *estar*

On emploie ***ser*** pour **identifier** et ***estar*** pour **situer**.

*Arrecife **es** la capital de Lanzarote, **está** en el este de la isla.*

→ Gramática p. 119

AHORA TÚ

Différence entre *ser* et *estar*

Subraya las palabras correctas.

a. El volcán Cumbre Vieja *es / está* en La Palma.

b. La temperatura en Canarias *es / está* de 23°.

c. Santa Cruz de Tenerife *es* / *está* una de las dos capitales de las islas Canarias.

d. Fuerteventura *está / es* / *al* / *en el* sur de Lanzarote.

Así se pronuncia allá

Audio 23va4607

As-tu remarqué l'accent canarien dans la vidéo? Il rappelle celui de l'Amérique caribéenne. Voici quelques caractéristiques:
- le *seseo* : **"z"** et certains **"c"** prononcés comme un "s",
- le **"-s"** final s'entend très peu.

Escucha:
En las islas Canarias hay árboles centenarios y playas de arena volcánica.

Ocho islas

a. ¿Eres capaz de identificar el nombre de cada isla?

....

....

....

....

Gobierno de Canarias, 2017

....

b. Escribe tres adivinanzas sobre la situación geográfica de las islas para que tus compañeros adivinen cuál es.
Ejemplo: *Está entre Tenerife y Fuerteventura, ¿qué isla es?*

....

....

....

....

....

Mi lección del día

Fecha:

Con método

Lorsque tu as une production orale à faire, tu as le droit d'hésiter : c'est normal de réfléchir aux mots, aux conjugaisons, aux accords... L'essentiel est de te lancer !

LECCIÓN 4 ¡Viva el silbo gomero!

Patrimonio cultural inmaterial de la UNESCO

✔ Expliquer un mode de communication traditionnel
✔ L'imparfait des verbes irréguliers

El silbo de mi abuelo

Cuando era pequeño y vivía en Tenerife, íbamos todos los veranos de vacaciones a La Gomera. Allí vivía mi abuelo, en un pueblo perdido en un valle en el norte de la isla. [...] Todos los veranos íbamos, y él se ponía muy contento, sobre todo de ver a su nieto. El nieto era yo. Mi abuelo sabía hablar silbando. [...] Me gustaba tanto oír a mi abuelo silbar cosas, aunque no supiera[1] lo que decía. Nos sentábamos a la sombra de un pino y se ponía a silbar. [...] —Eso se usaba antes pa'[2] cuidar los rebaños[3] –señaló la montaña que teníamos enfrente–. Si veías que a alguno se le escapaba[4] un bicho[5], le silbabas pa' decírselo, no le ibas a gritar que a esa distancia no te oye nadie. Pero ahora con el móvil puedes hablar con cualquiera en cualquier lado.

movil.todorelatos.com, 2006

1. *même si je ne savais pas* - 2. pa' = para - 3. *les troupeaux* - 4. *s'enfuyait* - 5. *un animal*

VOCABULARIO

Audio 23va4609

- un(a) gomero(a): *un(e) habitant(e) de La Gomera*
- el jurado: *le jury*
- un silbo / un silbido: *un sifflement*
- ACERTAR [ie]: *trouver*
- ADIVINAR: *deviner*
- SILBAR: *siffler*
- USAR / UTILIZAR: *utiliser*

el Minuto cultural

Por su posición geográfica, la isla de la Gomera fue importante en el descubrimiento de América en 1492: sirvió como punto de aprovisionamiento de las expediciones de Cristóbal Colón.

Mira el vídeo

Vidéo 23va4608

1 **a. ¿Cuál es el equivalente de *Got Talent* en Francia?**

b. ¿Cómo responden a las preguntas?
◯ cantando ◯ hablando ◯ silbando

c. ¿De dónde son Irún y Ángel Manuel?

Lee

2 **Escribe dos palabras claves del texto.**

....

3 **¿Verdadero o falso? Justifica cuando es falso.**
- El nieto y el abuelo vivían en la misma isla. ◯ V ◯ F
- El nieto sabía silbar. ◯ V ◯ F
- El abuelo silbaba para comunicarse con sus compañeros. ◯ V ◯ F

4 **Subraya en el texto lo que muestra que la geografía era una barrera para comunicarse.**

5 **Explica por qué antes el silbo era útil.**

Escribe

6 **Explica cuál es la diferencia entre la forma de comunicarse de los ancianos gomeros y la tuya** (en la página Algo más).

L'imparfait des verbes irréguliers

SER: *era, eras, era, éramos, erais, eran*
IR: *iba, ibas, iba, íbamos, ibais, iban*
VER: *veía, veías, veía, veíamos, veíais, veían*

→ Gramática p. 118

AHORA TÚ

L'imparfait des verbes irréguliers

a. **Separa los verbos.**

éramosibaisveíaníbamoseraisveía

b. **Escribe cada verbo en la segunda persona del singular del imperfecto.**

....

Got Talent, España, 2019

¡Magnífica representación del silbo gomero!

FUERZA 1 ★ Vidéo 23va4610

a. **Ordena las etapas del juego.**

- adivinar una frase: n°: ....
- silbar una frase: n°: ....
- un miembro del jurado dice una frase: n°: ......

b. **Marca con una cruz (X) las frases que los chicos acertaron.**

FRASE 1	FRASE 2	FRASE 3	FRASE 4

c. **Completa.** El chico dice:

"Silbar es .... " en vez de ....

d. **Rodea la respuesta correcta.**
Quiere que Edurne apriete el botón rojo, dorado, verde.

FUERZA 2 ★★ Vidéo 23va4611

a. **Completa.**

A Eva Isanta le parece .... la manera de comunicarse.

b. **¿Cuál es la frase que no acertaron?**

Mi .... me ....

c. **Tras haber dado un "no", Risto cambió su voto porque los chicos adivinaron una palabra difícil.**

Completa la palabra con vocales:

S _ R _ ND _ NG _

Mi lección del día

Fecha:

Con método

Lorsque tu lis un document rédigé à l'imparfait, sois particulièrement attentif au sujet des verbes. Repère s'il s'agit d'une première ou d'une troisième personne du singulier car elles ont la même forme verbale.

GRAMÁTICA

Saisis le code pour accéder à **plus d'exercices** sur **didier-clic.fr**

L'imparfait de l'indicatif (verbes réguliers)

L'imparfait sert à **décrire des circonstances** ou à **raconter une action qui dure** ou **qui se répète dans le passé.**

En las islas Canarias, los pastores silbaban para comunicarse.

FORMATION. On ajoute au radical les terminaisons :

- verbes en *-ar* : ***-aba***, ***-abas***, ***-aba***, ***-ábamos***, ***-abais***, ***-aban***
- verbes en *-er* et *-ir* : ***-ía***, ***-ías***, ***-ía***, ***-íamos***, ***-íais***, ***-ían***

	HABLAR	APRENDER	VIVIR
yo	hablaba	aprendía	vivía
tú	hablabas	aprendías	vivías
él/ella/usted	hablaba	aprendía	vivía
nosotros(as)	hablábamos	aprendíamos	vivíamos
vosotros(as)	hablabais	aprendíais	vivíais
ellos(as)/ustedes	hablaban	aprendían	vivían

Les pronoms sujets ne sont pas nécessaires devant les verbes, on ne les emploie que pour insister ou ôter toute ambiguïté quant à la personne qui parle.

*Él **mandaba** cartas a su amor todos los días y ella le **respondía**.*

1 Escribe las frases conjugando los verbos en imperfecto.

a. Sus abuelos (COMUNICARSE) .... por cartas.

b. Antes no (EXISTIR) .... las redes sociales.

c. Nosotros (LLAMARSE) .... para jugar.

d. Los jóvenes (JUGAR) .... a cosas de chiquillos.

e. Mi padre y yo (VIVIR) .... en Tenerife mientras que mi abuelo (VIVIR) .... en La Gomera.

2 Conjuga en imperfecto los verbos subrayados.

a. Leo los comentarios de mis seguidores todos los días. → ....

b. Prefiere practicar actividades al aire libre. → ....

c. A mi abuela le encanta recibir cartas de mi abuelo. → ....

d. Los canarios están orgullosos de su lenguaje silbado. → ....

e. Os mantenéis en contacto todos los días. → ....

Exercices supplémentaires 23va4612

L'imparfait de l'indicatif (verbes irréguliers)

Ser, ***ir*** et ***ver*** sont irréguliers à l'imparfait de l'indicatif.

	SER	IR	VER
yo	era	iba	veía
tú	eras	ibas	veías
él/ella/usted	era	iba	veía
nosotros(as)	éramos	íbamos	veíamos
vosotros(as)	erais	ibais	veíais
ellos(as)/ustedes	eran	iban	veían

3 Completa las frases con "ser", "ir" o "ver" conjugado en imperfecto.

a. En nuestra pandilla, (nosotros) .... cinco.

b. Antes (yo) .... más a mis amigos.

c. Antes .... imposible comunicarse de forma instantánea.

d. (Nosotros) .... a menudo al barranco para quedar con vuestros amigos.

Exercices supplémentaires 23va4613

Les verbes sans préposition

Après certains verbes comme ***permitir***, ***intentar***, ***impedir***, ***decidir***... on n'emploie pas la préposition **de**, contrairement au français, mais directement l'infinitif (ce sont les verbes appelés "à construction directe").

Ha decidido Ø ir a las islas Canarias durante dos semanas.

4 Escribe cuatro frases utilizando los verbos: *permitir - intentar - impedir - decidir.*

a. ....

....

b. ....

....

c. ....

....

d. ....

....

Exercices supplémentaires 23va4614

REPASO Différence entre *ser* et *estar*

Ser est utilisé pour **définir et décrire une carcatéristique.**

El silbo gomero es un lenguaje propio de La Gomera.

	SER
yo	soy
tú	eres
él/ella/usted	es
nosotros(as)	somos
vosotros(as)	sois
ellos(as)/ustedes	son

Estar est utilisé pour **situer géographiquement**. Dans ce cas, il sera suivi d'un indicateur de lieu.

	ESTAR
yo	estoy
tú	estás
él/ella/usted	está
nosotros(as)	estamos
vosotros(as)	estáis
ellos(as)/ustedes	están

- ***Estar en***: situe un endroit à l'intérieur d'un autre.
  *El Teide está **en** Tenerife, **en el** centro de la isla.*
- ***Estar al*** (*norte / sur / noroeste / sur / suroeste / este / oeste*) ***de***: situe un endroit à l'extérieur d'un autre.
  *Las islas Canarias están **al** suroeste de Marruecos.*

5 Describe La Gomera utilizando dos veces "ser" y tres veces "estar".

K. Lucas Abreu, 2018

....

....

....

....

....

....

6 Completa el texto con la preposición adecuada.

La Gomera se sitúa .... las islas Canarias, está .... oeste de Tenerife y .... este del Hierro. Es una isla .... el centro del archipiélago canario, ... el océano Atlántico. .... el centro de la isla, ... oeste de la capital, se encuentra el Parque Nacional de Garajonay.

Exercices supplémentaires 23va4615

VOCABULARIO

Saisis le code pour accéder aux **flashcards** et à **plus d'exercices** sur **didier-clic.fr**

Comunicarse

Audio 23va4616

Flashcards 23va4617

Exercices supplémentaires 23va4618

un teléfono (fijo)

un móvil

una máquina de escribir

un ordenador

una tableta

una carta

un correo electrónico

chatear

escribir a mano

mandar/enviar una carta

un cartero

llamar por teléfono

quedar con una persona

hablar cara a cara

charlar

J'enrichis mon vocabulaire

....

....

....

1 Completa la tabla.

ANTES	AHORA
....	un móvil
una máquina de escribir	....
....	chatear
una carta	....

2 Lee la definición y adivina la palabra.

a. Se presionan sus teclas para imprimir letras en un papel. → ....

b. Dispositivos electrónicos portátiles con pantallas táctiles. → ....

c. Se necesita un bolígrafo para redactarla. → ....

d. Es un verbo sinónimo de "conversar". → ....

e. Su trabajo consiste en repartir cartas. → ....

Las redes sociales

Audio 23va4619

Flashcards 23va4620
Exercices supplémentaires 23va4621

dar al "me gusta"

mandar un audio

hacer un comentario

usar emoticonos

crear una cuenta / un perfil

seguir [i] a un influencer

un seguidor = un follower

un mensaje (de texto)

hacerse un selfi

colgar [ue] / subir una foto

navegar por internet

3 **Haz una frase para decir lo que sueles hacer en las redes sociales.**

....

....

....

....

4 **Con expresiones de la lista, escribe lo que puedes hacer para:**

a. Conocer la vida de un famoso:

....

b. Comunicarte de manera expresiva:

....

c. Mostrar qué guapo(a) eres:

....

d. Buscar informaciones :

....

J'enrichis mon vocabulaire

....

....

El silbo gomero y las islas Canarias

Audio 23va4622

Flashcards 23va4623
Exercices supplémentaires 23va4624

silbar (un silbo / un silbido)

una isla

un(a) isleño(a)

un archipiélago

un(a) pastor(a)

un volcán

una playa

bañarse

un barranco

hacer senderismo

5 **Completa con palabras de la lista.**

La Gomera es una .... del .... canario que lo tiene todo. Sus paisajes son espectaculares, tiene un .... y profundos .... Puedes hacer .... o relajarte en una de sus .... En el pasado, sus montañas eran barreras para comunicarse, por lo tanto, los .... crearon un lenguaje propio: el .... Hoy, los niños .... aprenden a .... en la escuela para mantener vivo este lenguaje.

J'enrichis mon vocabulaire

....

....

....

....

....

Recrearte

César Manrique (1919-1992)
Es un pintor, escultor y arquitecto lanzaroteño. Sus juguetes de viento son estructuras artísticas sólidas, de hierro*, compuestas de formas geométricas. Recuerdan los molinos de viento que abundaban en Lanzarote. Gracias al viento, establecen un complicado movimiento rotatorio opuesto.

¿Cuántas formas circulares ves en la escultura?

* *fer*

Juguete del viento, 1968, Fundación César Manrique, Lanzarote,

Molino antiguo de Teguise (Lanzarote)

PARCOURS ARTISTIQUE D'ÉDUCATION ET CULTURELLE

1 **Cita dos puntos en común entre los dos molinos.**

....

....

2 **Completa la frase con estas palabras:** *naturales, hierro, piedra, vivos.*

Antes los molinos eran de .... y de colores .... mientras que los de César Manrique son de .... y de colores ....

3 **¿Qué formas geométricas reconoces en el *Juguete del viento* de César Manrique?**

○ pirámide ○ cilindro ○ semiesfera ○ cono ○ cubo

Con ritmo y buen tono

Los lavaderos de Güímar

Audio 23va4625

Con esas cestas de ropa
toda la gente acudía,
para lavarla con agua
fresca de la galería.

Las jóvenes se agrupaban
a hablar de sus pretendientes,
las casadas del marido,
la vecina y sus parientes.

Era la vida muy dura,
muy distinta a la de ahora:
no había piedra de lavar
ni tampoco lavadora.

Domingo González Frías (poeta español),
La herida de mis sueños, 1987

Mujeres en el lavadero de Güímar, hacia 1910

1 **Escucha el poema y entrénate a pronunciarlo.**

2 **Memoriza al menos una estrofa y recítala con el tono adecuado.**

Proyecto

INDIVIDUAL. **Escribo un diálogo entre una abuela y su nieta.**

Creo que los domingos son mi día preferido de la semana, no porque el cole esté cerrado, sino porque voy a escuchar las historias más increíbles, y el aire se va a llenar de palabras, de preguntas y respuestas. Junto a mi abuela los domingos se hacen el día más corto de toda la semana.

L. Escuela y D. G. Reinfeld (autores españoles), *Yaiza en el Rubicón*, 2020

1 Observa el dibujo y lee el principio de la historia.

2 Imagina el diálogo entre Yaiza y su abuela.

En tu diálogo, tienes que:

- imaginar cuatro preguntas de Yaiza (*¿Cómo...?, ¿Por qué...?, ¿Dónde...?, ...*),
- pensar en las respuestas de la abuela,
- comparar la manera de declarar su amor entre antes y ahora,
- exponer la evolución de los medios de comunicación,
- explicar por qué la época de Yaiza y la de su abuela son diferentes,
- puntuar el diálogo correctamente.

Para expresar sorpresa puedes utilizar expresiones como:
¡Anda!, ¡Hala!, ¡Qué dices!, ¿De verdad?, ¿En serio?

Dans ton dialogue, utilise :

- le lexique des modes de communication (p. 120)
- le lexique des réseaux sociaux (p. 121)
- le lexique du " silbo gomero " et des îles Canaries (p. 121)
- l'imparfait des verbes réguliers et irréguliers (p. 118)
- les verbes *ser* et *estar* (p. 119)
- les verbes sans préposition (p. 119)

Le petit + !
Comme dans l'exemple ci-dessus, illustre ton dialogue pour le rendre plus vivant.

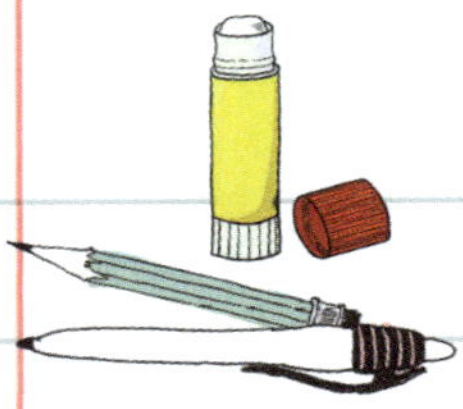

¿Algo más?

Ici, je peux prendre des notes ou coller des documents.

ÉVALUATIONS

Au terme de cette unité, ton/ta professeur(e) te distribuera les fiches pour **évaluer tes connaissances et tes compétences**.

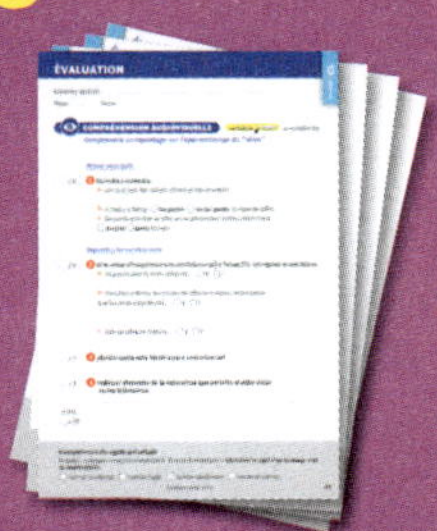

+ prof

Fiches et vidéo pour les évaluations

- Comprendre un reportage sur l'apprentissage du "silbo".
- Donner des informations sur les îles Canaries.
- Comprendre le message d'un texte.
- Décrire un dessin humoristique et donner son opinion.

7 Unidad

Para que seamos amigos

¿Cuál es la definición de un buen amigo?

Dans cette unité, nous allons :

- comprendre des goûts et préférences,
- comprendre et définir le concept d'amitié,
- mettre en avant des points positifs,
- présenter les valeurs d'un patrimoine.

Nous partirons à la découverte :

des loisirs et passions, des relations amicales en Argentine, des émotions et sensations liées au tango.

Nous allons revoir :

- **lexique :** les activités,
- **grammaire et conjugaison :** les verbes du type *gustar*, l'imparfait de l'indicatif, le présent du subjonctif.

Notre projet :

Préparer *el Día de la amistad* et l'organiser au collège.

À la fin de l'unité, je serai capable de...

- Comprendre l'interview d'une interprète de tango.
- Compléter une infographie pour définir ce qu'est un véritable ami.
- Comprendre le portrait écrit de deux amis.
- Échanger sur le thème de l'amitié.

Diego Manuel Rodríguez (pintor argentino), *Tanguería*, 2011

Patrimonio cultural inmaterial de la UNESCO

El tango argentino

Qu'expriment les Argentins lorsqu'ils dansent un tango?

Le tango est une danse née dans la région du Río de la Plata au début du XXe siècle. Déclaré Patrimoine culturel immatériel de l'humanité en 2009, le tango est le **symbole culturel de l'Argentine** mais aussi le symbole des **liens étroits qui lient ses habitants**. Les Argentins, à travers le tango, expriment et partagent leurs émotions avec sincérité. Le tango est le reflet d'une tradition, voire d'une passion, où le grand sens de l'amitié des Argentins s'exprime sans doute le mieux.

→ **Découvre cette tradition, pp. 136-137**

¡Ya lo sé!

Los personajes...

◯ se están aburriendo ◯ se están divirtiendo ◯ están bailando ◯ están estudiando

LECCIÓN 1 ¿A cada amigo su afición?

✔ Comprendre des goûts et préférences
✔ Les verbes du type *gustar*

Cielo grande, 2022

Observa

1 a. Di si a uno de los personajes del cartel le gustan las siguientes actividades.

- tocar un instrumento ○ Sí ○ No
- la música ○ Sí ○ No
- los deportes náuticos ○ Sí ○ No
- las artes marciales ○ Sí ○ No
- cantar ○ Sí ○ No

b. Describe físicamente o sitúa a los personajes para indicar sus gustos.

VOCABULARIO

Audio 23va4702

- **el canto:** *le chant*
- **un micrófono:** *un micro*
- **una tabla de surf:** *une planche de surf*
- **los videojuegos:** *les jeux vidéo*
- **juntos(as):** *ensemble*
- **COMPARTIR:** *partager*
- **PRACTICAR deporte:** *faire du sport*
- **TOCAR un instrumento:** *jouer d'un instrument*

el Minuto cultural

El título francés de la serie argentina es *L'été à Cielo Grande*. Recuerda que cuando en el hemisferio sur es verano, ¡es invierno en el hemisferio norte!

Escucha

Audio 23va4701

2 Explica qué relación tiene el audio con el cartel.

3 Apunta tres informaciones para presentar la serie.

....

....

....

4 Identifica el nombre de los dos personajes presentados, su nacionalidad, su papel en la serie y un rasgo de su personalidad.

a. ....

....

b. ....

....

5 Completa las siguientes frases.

"A mí, lo que me .... de Luz es que es muy buena .... Me .... que intenta .... bien con todos."

6 Cada fan habla de su relación con los deportes. Justifica las afirmaciones con un elemento del audio.

a. A Ana, le encanta el baile.

....

b. A Pedro le interesan los deportes de invierno.

....

....

Dialogad

¡Ya lo sé!

5 De niños, ¿qué actividades practicabais con vuestros amigos? Y ahora, ¿cuáles son vuestras actividades favoritas?

REPASO Les verbes du type *gustar*

Les verbes du type ***gustar***, comme ***encantar***, ***apetecer***, ***alegrar***..., s'accordent aussi avec le sujet qui les suit et s'emploient nécessairement avec un pronom complément (COI) : **me/te/le/nos/os/les**.

*A Noa **le encantan** las fiestas.*

→ Gramática p. 138

AHORA TÚ

Les verbes du type *gustar*

Completa con el pronombre complemento adecuado y con la buena forma de los verbos.

a. ¿Qué pienso de los videojuegos?

¡Creo que ...... gusta..... todos!

b. A ella ..... encant..... el fútbol.

c. ¿A tus amigos .... apetec..... ir al estadio?

d. Dime qué deporte ...... gust..... más.

e. A mí .... encant..... bailar con mis amigas.

¿Compartir aficiones para ser amigos?

Si a un/a chico/a le gusta compartir información o creaciones relacionadas a cómics, música, juegos y eso es muy fuerte en su identidad es probable que sus amigos más cercanos estén relacionados con ese tema.

Renzo, que tiene 17 años, detalla que con sus amigos de la presencialidad habla de las cosas que luego hacen: verse, ir al gimnasio o a la plaza, salir a andar en bicicleta, ir al cine.

Sebastián Rodríguez Enrique es de Campana, Buenos Aires, también tiene 17 años y disiente con Renzo: un amigo es esa persona en la que podés depositar tu confianza y contar con que va a estar ahí en los buenos y malos momentos. No creo que se pueda clasificar a alguien como amigo por cosas tan superficiales como compartir gustos por la música, videojuegos, deportes.

redaccion.com.ar, 2021

¿Qué es un amigo?

a. **¿Hay que compartir aficiones para ser amigos? Subraya en el texto la justificación de cada opinión.**

b. **Selecciona las actividades mencionadas.**

c. **Escribe el nombre de estas cinco actividades deportivas.**

....

....

Mi lección del día

Fecha:

Con método

Pour mémoriser plus facilement de nouvelles notions, essaie de trouver des rimes ou des jeux de mots.
Par exemple, pour retenir les pronoms personnels compléments, pense à l'amorce « *me/te/le* (mettez-les)... dans vos têtes ».

LECCIÓN 2 Un amigo está para lo que sea

- Comprendre et définir le concept de l'amitié
- L'expression du but + subjonctif

Nik (dibujante argentino), *Gaturro*, 2016

Carta a un amigo

No puedo darte soluciones
para todos los problemas de la vida,
ni tengo respuestas para tus dudas o temores[1],
pero puedo escucharte y buscarlas junto a ti.
No puedo cambiar tu pasado ni tu futuro.
Pero cuando me necesites, estaré allí.
No puedo evitar que tropieces[2].
Solamente puedo ofrecerte mi mano
para que te sujetes y no caigas.
Tus alegrías[3], tu triunfo y tus éxitos no son míos.
Pero disfruto sinceramente cuando te veo feliz.
No juzgo las decisiones que tomas en la vida.
Me limito a apoyarte[4],
a estimularte y a ayudarte si me lo pides [...]
No puedo decirte quién eres ni quién deberías ser.
Solamente puedo quererte como eres y ser
tu amigo.

Atribuido a Jorge Luis Borges (escritor argentino), *Carta a un amigo*

1. *tes doutes ou tes craintes* - 2. *que tu ne trébuches*
3. *tes joies* - 4. *à te soutenir*

VOCABULARIO

Audio 23va4703

- **la ayuda:** *l'aide*
- **el apoyo:** *le soutien*
- **AYUDAR:** *aider*
- **APOYAR:** *soutenir*
- **NECESITAR:** *avoir besoin de*

Observa

1 a. Observa la historieta, di quiénes son los protagonistas y qué relación tienen al final.
b. Explica cómo ha sido posible.

Lee

2 Presenta el texto. Identifica a quién se dirige el poeta.

3 Subraya con dos colores distintos lo que puede o no puede hacer el autor para su amigo.

4 Justifica cada afirmación con una frase del documento.
a. El autor le dice que va a ser su amigo también cuando necesite ayuda.
b. El poeta comparte la felicidad de su amigo.

Escribe

5 A la manera del poeta, escribe dos versos con subjuntivo presente que comienzan cada uno por:

Necesito un amigo para que ....
....
....
....
....

el Minuto cultural

El 30 de julio fue declarado por la ONU Día de la amistad. Sin embargo, los argentinos también celebran tradicionalmente la amistad el 20 de julio. En resumidas cuentas, en Argentina se celebra la amistad en dos ocasiones y ¡con solo 10 días de intervalo!

L'expression du but + subjonctif

Pour exprimer **un but** avec ***para que***, on emploie le **subjonctif** dans le verbe de la proposition.

***Para que sean** amigos.*

→ Gramática p. 139

AHORA TÚ

L'expression du but + subjonctif

Conjuga los verbos entre paréntesis en presente de subjuntivo.

a. Ella está para que tú no (ESTAR) .... sola.

b. Te invito para que vosotros (JUGAR) .... juntos.

c. Puedes hablar conmigo para que nosotros (ACLARAR) .... las cosas.

d. Para que ellos (SER) .... amigos, necesitan compartir buenos momentos.

Así se pronuncia

Audio 23va4704

En espagnol, la lettre **"g" se prononce [g] devant "a", "o", "u" ou une consonne** (exactement comme en français !) : ***ga**to, tan**go**, **gu**itarra, ale**gr**ía.*

Escucha y repite:

*Mi **g**ran ami**g**o **G**uillermo me **g**uía y no me juz**g**a.*

El país más amiguero

a. ¿Verdadero o falso? Rodea dos elementos del documento para justificar cada respuesta.

- Colombia es el país más amiguero de América. ◯ V ◯ F
- Los amigos son importantes para 9 de cada 10 argentinos. ◯ V ◯ F

b. ¿Es importante la amistad en tu colegio? Entrevista a diez compañeros sobre el tema, crea tu propia infografía en la página Algo más y luego explica los resultados.

DÍA DEL AMIGO

Los amigos son importantes en la vida de 9 de cada 10 argentinos

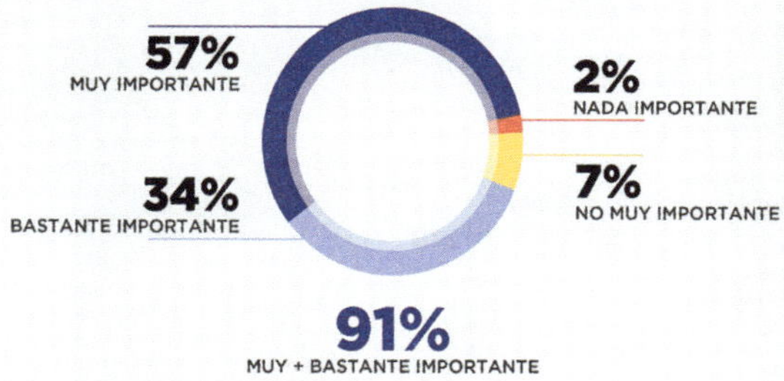

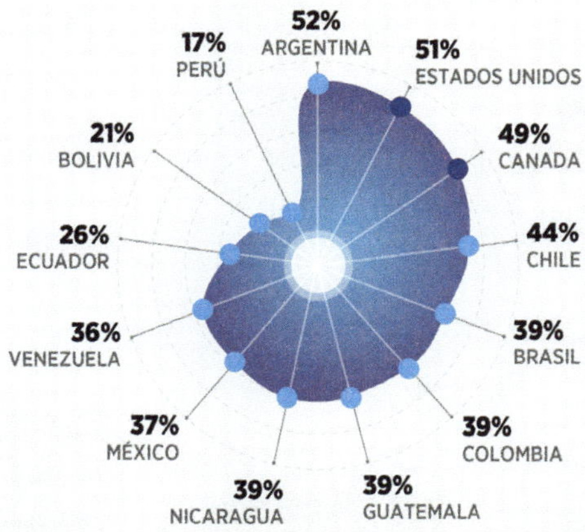

Si consideramos solo **nuestro continente, Argentina destaca** como el país en el cual se le asigna más importancia a los amigos **junto con Estados Unidos**. Frente a los países de América Latina, Argentina se perfila como el más amiguero.

Voices Argentina, 2022

Mi lección del día

Fecha:

Con método

En espagnol, souviens-toi que tu peux t'appuyer sur tes connaissances de la conjugaison de l'indicatif présent pour comprendre et te rappeler les irrégularités du subjonctif présent.
caer → caigo → caiga

LECCIÓN 3

Lo vibrante de Argentina

✔ Mettre en avant des points positifs
✔ L'article neutre *lo*

ARGENTINA

- Capital: Buenos Aires
- Temperaturas medias anuales: entre 23° (al norte) y 5° (al sur)
- Pico más alto de América: el Aconcagua (6 962 metros)

Ángela Salerno (dibujante argentina), 2023

VOCABULARIO

Audio 23va4706

- **las cataratas:** *les chutes d'eau, les cascades*
- **el glaciar:** *le glacier*
- **espectacular:** *spectaculaire*
- **fabuloso(a):** *fabuleux(euse)*
- **increíble:** *incroyable*
- **ATRAER:** *attirer*
- **LLAMAR la atención:** *attirer l'attention*
- **PREFERIR [ie/e]:** *préférer*

Mira el vídeo

Vidéo 23va4705

1 **a. Completa.** Argentina tiene una superficie de .... millones de km cuadrados y tiene todos los .... y todos los tipos de ....

b. Apunta tres cualidades del pueblo argentino.

....

Observad el mapa

2 GRUPO A **Adivina el lugar correspondiente.**

a. Para esquiar, esta ciudad es lo mejor que hay.

....

b. Lo que puedes hacer en esa ciudad es bailar tango.

....

3 GRUPO B **Justifica el título del documento.**
¿Qué es lo que te llama la atención de Argentina?

4 GRUPOS A Y B **Inventa una adivinanza.**
Selecciona un sitio de Argentina y menciona lo que vale la pena conocer y hacer.

....

....

5 **Por grupos, elegid el lugar de Argentina que os parece ser lo máximo para pasarlo bien con amigos.** MEDIACIÓN
Dos compañeros(as) argumentan, otro(a) actúa de mediador(a) y decide cuál ha sido más convincente.
Lo que me gusta/lo genial es..., lo que prefiero/lo bueno es que...

Habla

6 **Describe el lugar donde sueles reunirte con tu(s) amigo(s) e indica las ventajas con "lo" + adj. o "lo que" + V.**

el Minuto cultural

La diversidad geográfica de Argentina es tan grande que se apoda a menudo como "el país de los 6 continentes". De norte a sur, Argentina tiene toda la variedad de paisajes del planeta.

L'article neutre *lo*

- ***lo*** + adjectif → ce qui est
- ***lo que*** + verbe → ce que

***Lo** lindo de este país es **lo que** podemos compartir con su gente.*

→ Gramática p. 139

AHORA TÚ

L'article neutre *lo*

Ordena los elementos y forma frases.

a. lo / es / paisajes / de / nos / la / llama / que / atención / la / variedad / los

....

....

b. es / que / gusta / ? / qué / lo / te / ¿ / más

....

c. sabe / generoso / que es / amigo / no / lo / su

....

d. argentino / que / partido / ver / prefieren / es / un / de / fútbol / lo

....

....

Así se pronuncia allá

Audio 23va4707

Les lettres **"ll"** et **"y"** ont une prononciation particulière en Argentine ; elles sont prononcées comme un **"ch" français** [ʃ].

Escucha:

Yo sé que a ella, a mi amiga Yolanda, le gusta el yudo y el kayak.

Reseña de la novela *14/7 el descubrimiento*, 2021

De norte a sur

Audio 23va4708

a. Escucha la reseña del libro e identifica el tema de la historia y el país donde tiene lugar.

....

....

b. Relaciona el nombre de cada personaje a su ciudad de origen.

Mara •	• Balcarce
Cielo •	• Mendoza
Guillermina •	• Maimará
Bianca •	• Bariloche

c. Responde a las preguntas.

¿En qué ciudad se encuentran?

....

¿Por qué Tamara es la enemiga del grupo de chicas?

....

....

d. Elimina la frase que no aparece en la reseña del libro.

- Espero que la lean.
- Lo que me gusta es la historia.
- Los personajes son increíbles.
- Espero que la disfruten.

Mi lección del día

Fecha:

Con método

Lorsque tu consultes une carte géographique, pense à situer les éléments qui la composent : *en el norte, en el sur, en el oeste, en el este, en el centro…*

LECCIÓN 4 El abrazo del tango

Patrimonio cultural inmaterial de la UNESCO

✔ Présenter les valeurs d'un patrimoine
✔ L'expression de la nécessité + infinitif

Habla una joven bailarina clasificada para el Mundial de Tango.

"El tango lo puede bailar desde un niño hasta un anciano. Todo depende de lo que uno quiera; si se desea aprender el baile social, cualquiera[1] lo puede aprender.
Es importantísimo saber conectarse con el otro, con su pareja. Es algo de a dos donde se necesita una comunicación. Basta sólo con animarse[2]: sabiendo algunos pasos básicos ya se baila el tango en una milonga.

Luciano Andreychuk, ellitoral.com, 2022

1. *n'importe qui* - 2. *Il suffit juste d'oser*

1'45 *Campeones mundiales de tango, 2022*

Lee

1 Justifica las siguientes ideas subrayando elementos del texto.

a. Los jóvenes también pueden bailar el tango.

b. Para bailar tango es indispensable comunicarse con el otro.

el Minuto cultural

El término "milonga" hace referencia a una fiesta típicamente argentina en la que se baila tango entre amigos. Por otra parte, la milonga es una variedad de tango.

VOCABULARIO

Audio 23va4710

- **ABRAZAR:** *prendre dans les bras*
- **BAILAR:** *danser*
- **CONFIAR en alguien:** *avoir confiance en quelqu'un*
- **LLEVARSE bien:** *bien s'entendre*
- **MIRAR:** *regarder*
- **SER auténtico(a)/sincero(a):** *être authentique/sincère*
- **TOCAR a alguien:** *toucher quelqu'un*

Mira el vídeo

Vidéo 23va4709

2 Presenta a los personajes que ves.

3 Identifica el ocio que une a los personajes y menciona:

FUERZA 1 ★ Su país de origen: ....

FUERZA 2 ★★ Un elemento que muestra su importancia en todo el mundo: ....

FUERZA 3 ★★★ Tres cualidades necesarias para practicarlo:

....

....

4 Vuelve a mirar el vídeo y completa:

"Para bailar tango es muy importante .... con tu .... y .... bien."

Compara la construcción de la frase en español con su equivalente en francés.

Escribid

5 Redactad en grupo una guía del buen tanguero (en la página Algo más).

L'expression de la nécessité + infinitif

Es importante / necesario / indispensable + **infinitif**

Es necesario ***confiar*** *en mí.*

→ Gramática p. 138

AHORA TÚ

L'expression de la nécessité + infinitif

Escribe las frases en español.

a. Il est nécessaire d'être authentique. ....

b. C'est important de faire attention à l'autre. ....

c. C'est indispensable d'avoir confiance en son partenaire de danse. ....

....

Las 7 diferencias

Encuentra siete diferencias entre las dos fotos.

....

....

....

....

....

....

....

....

....

....

....

Mi lección del día

Fecha:

Con método

Pour mémoriser du vocabulaire, notamment des verbes, n'hésite pas à mimer les actions, en joignant le geste à la parole.

GRAMÁTICA

Saisis le code pour accéder à **plus d'exercices** sur **didier-clic.fr**

REPASO Les verbes du type *gustar*

Pour exprimer ses goûts, on emploie le verbe *gustar* en l'**accordant avec le sujet qui le suit.**

> ***Me gusta*** + nom **singulier** ou **infinitif**
> ***Me gustan*** + nom **pluriel**

Me gusta el fútbol. Me gusta bailar.
Me gustan los videojuegos.

Les verbes qui expriment un **sentiment**, une **sensation**, un **goût**, se construisent comme le verbe ***gustar***
Il existe de nombreux verbes de ce type :

encantar (adorer) ***apetecer*** (avoir envie)
alegrar (réjouir) ***asustar*** (avoir peur)
molestar (gêner) ***doler*** [ue] (avoir mal).

Comme pour le verbe *gustar*, ces verbes **s'accompagnent toujours d'un pronom personnel complément** (COI) : ***me / te / le / nos / os / les***.

(a mí)	**me gusta**	+ nom **singulier** ou + verbe à l'**infinitif**
(a ti)	**te gusta**	
(a él/ella/usted)	**le gusta**	
(a nosotros/as)	**nos gusta**	
(a vosotros/as)	**os gusta**	
(a ellos/ellas/ustedes)	**les gusta**	

(a mí)	**me gustan**	+ nom **pluriel**
(a ti)	**te gustan**	
(a él/ella/usted)	**le gustan**	
(a nosotros/as)	**nos gustan**	
(a vosotros/as)	**os gustan**	
(a ellos/ellas/ustedes)	**les gustan**	

Les pronoms entre parenthèses servent à insister :
¿A ti te gusta el tango?

1 Conjuga los verbos.

a. Le encant....... los deportes náuticos.
b. Me gust...... cantar.
c. El tango les gust...... muchísimo.
d. ¿Te apetec...... escuchar música?
e. No os gust...... las artes marciales.

2 Escribe frases utilizando el verbo "gustar".

a. 
b. 
c. 
d. 

a. A nosotros ....
....
b. A mí ....
....
c. A ellos ....
....
d. A ti ....
....

Exercices supplémentaires 23va4711

L'expression de la nécessité + infinitif

Pour **exprimer une nécessité avec** ***es importante***, ***es necesario***, ***es indispensable***, le verbe qui suit est **obligatoirement à l'infinitif** mais, contrairement au français, il n'est pas précédé de la préposition "de".

Es necesario mirarse a los ojos.
Es importante llevarse bien.

3 Escribe un código de la amistad con la expresión de la necesidad y los siguientes valores:
confianza • comprensión • sinceridad

a. ....
b. ....
c. ....

Exercices supplémentaires 23va4712

L'article neutre *lo*

- La langue espagnole possède un **article neutre** : *lo*. Ce dernier **ne peut pas être le déterminant d'un nom** puisque chaque nom est masculin ou féminin en espagnol. Il n'est donc jamais utilisé devant un nom.

- *lo* + **adjectif**
  Lo permet de donner aux adjectifs ou participes passés une valeur nominale. Dans cet emploi, ils sont toujours **invariables**.
  On peut traduire ***lo*** par des valeurs abstraites avec « ce qui est, ce qu'il y a de… ».
  Lo lindo de Argentina es su naturaleza variada.

- *lo que* + **verbe**
  Dans cet emploi, s'il précède un verbe conjugué, ***lo*** doit être suivi de ***que***.
  Lo que peut se traduire par « ce que » ou « ce qui ».
  Lo que me gusta es bailar.

4 Escribe las frases en francés.

a. Viajar a Argentina es lo mejor que puedes hacer.

....

....

b. Lo que cuenta es su sinceridad.

....

c. ¿Sabes lo que me llama la atención?

....

d. La amistad es lo más importante para nosotros.

....

....

5 Imita el ejemplo para transformar las frases.

Nos gusta bailar tango.
→ *Lo que nos gusta es bailar tango.*

a. Quieres esquiar en Bariloche.

....

b. Le encantaba estar con sus amigos.

....

....

Exercices supplémentaires 23va4713

L'expression du but + subjonctif

- Rappelle-toi que le but s'exprime avec la préposition ***para***.

- Pour **exprimer un but avec *para que*** ou une expression similaire telle que *de modo que* ou *hasta que*, on emploie le **subjonctif** dans le verbe de la proposition subordonnée.
  Voy a hacer todo mi posible para que seamos amigos.

6 Transforma las frases con "para que + subjuntivo".

a. Nos recomiendan ir a Bariloche para poder esquiar.

....

....

b. Para ser tu amiga, tienes que escucharla.

....

....

c. Yo creo que para poder confiar en vosotros, tenéis que ser más honestos.

....

....

d. Organizan una milonga para bailar entre nosotros.

....

....

Exercices supplémentaires 23va4714

VOCABULARIO

Saisis le code pour accéder aux **flashcards** et à **plus d'exercices** sur **didier-clic.fr**

El ocio

Audio 23va4715

Flashcards 23va4716

Exercices supplémentaires 23va4717

la af**i**ción

ser/est**a**r aficion**a**do(a)

la pasi**ó**n - apasion**a**rse por

le**e**r - la lect**u**ra

sal**i**r con los am**i**gos

toc**a**r un instrum**e**nto

bail**a**r - el b**a**ile

cant**a**r - el c**a**nto

practic**a**r/ hac**e**r dep**o**rte

jug**a**r [ue] a los videoju**e**gos

nad**a**r - la nataci**ó**n

J'enrichis mon vocabulaire

....

....

....

....

....

....

....

1 Adivina la actividad correspondiente a cada definición.

a. Puede ser colectivo o individual. Puedes practicarlo en competición.

→ ....

b. Puedes hacerlo con micrófono o sin, a solas o en grupo. → ....

c. Se practica necesariamente en el agua.

→ ....

d. El tango es el más típico de Argentina.

→ ....

2 Redacta una frase para indicar la(s) actividad(es) que...

a. te gusta(n): ....

....

b. no te gusta(n): ....

....

c. le gusta(n) a tu mejor amigo(a): ....

....

d. no le gusta(n) a tu mejor amigo(a): ....

....

Las relaciones de amistad

Audio 23va4718

Flashcards 23va4719
Exercices supplémentaires 23va4720

apoyar

dar la mano

contar [ue] con alguien

confiar en alguien ≠ desconfiar de alguien

compartir un secreto

respetar - el respeto

llevarse bien con alguien ≠ llevarse mal con alguien

el/la amigo(a) ≠ el/la enemigo(a)

unidos(as)

J'enrichis mon vocabulaire

....

....

3 **Completa el texto con el vocabulario.**

Entre amigos, nos podemos decir absolutamente todo, ... el uno en el otro, por eso nosotros .... grandes secretos. Por otra parte, si tengo un problema sé que puedo .... contigo.

4 **Busca el intruso.**

a. el amigo / llevarse mal / compartir un secreto
b. contar con alguien / la confianza / el enemigo
c. unidos / apoyar / desconfiar de alguien

Las emociones y sensaciones

Audio 23va4721

Flashcards 23va4722
Exercices supplémentaires 23va4723

escuchar

abrazar - un abrazo

tocar

mirar - la mirada

sentir [ie] - el sentimiento

sentirse [ie] bien / a gusto (≠ incómodo) con

reír (≠ llorar)

alegre

triste

sorprendido(a)

encantado(a)

5 **Completa el crucigrama con un verbo de emoción o sensación.**

J'enrichis mon vocabulaire

....

....

....

....

....

Recrearte

Antonio Berni (1905-1981)
Es un pintor argentino del siglo XX, originario de la ciudad de Rosario.
Su obra pertenece a la corriente artística del realismo social porque en ella Berni retrata la sociedad argentina de su época, sus costumbres de vida y sus pasiones.

¿A qué pasión hace referencia Berni en esa pintura? Una pista: une a todos los argentinos.

Antonio Berni, *Club atlético Nueva Chicago**, 1954 — ** club de fútbol de Buenos Aires*

PARCOURS D'ÉDUCATION ARTISTIQUE ET CULTURELLE

1. **Menciona tres elementos relacionados con el deporte.**
2. **¿Cómo el artista logra mostrar que son amigos?**
3. **¿Quién es quién?** Escoge a un muchacho del cuadro, precisa su postura y descríbelo.

Teatro

Hablemos de la amistad

Audio 23va4724

ALUMNO 1: Profesora, hablemos de la amistad. *(Algunos: Protestan. Otros: Aprueban la idea.)*

VOCES: Sí. Bueno. No. Es aburrido. Es interesante.

PROFESORA: ¿Qué les parece si comenzamos por hacer una lista de las condiciones que debe cumplir alguien para ser un buen amigo? Báez y Córdoba van a ir escribiendo las conclusiones. En orden. Levantando la mano.

Ester Trozzo (autora argentina), *Yo adolescente*, 1978

Vuestro(a) profesor(a) os dará el fragmento completo.

+prof texte à photocopier

1. **Lee el texto que te dará tu profesor(a) y presenta la situación.**
2. **Subraya con dos colores diferentes las frases y actitudes que alimentan el debate y las que lo frenan.**
3. **Anota los valores de la amistad que se mencionan.**

....

4. **Con tus compañeros(as), lee el texto en voz alta, con el tono adecuado, e improvisad el resto de la escena con la intervención de dos otros alumnos.**

Proyecto

EN EQUIPO. Organizamos el Día de la amistad en nuestro colegio.

Ministerio de Educación de la Nación Argentina, 2021

1 Anunciad el evento.

- **Preparad el cartel del evento y una introducción.**
  Explicaréis por qué se elige ese periodo del año con todo lo que sabéis sobre Argentina y la amistad.
- **Elaborad el código de conducta del Día.**
  Os inspiraréis en lo que habéis aprendido en la unidad sobre el tango.

2 Preparad actividades para el evento.

- **La ruleta de la amistad**
  Preparad una gran ruleta de la amistad para que cada persona pueda preguntar acerca de los gustos del que accione la ruleta (color, deporte, lugar favorito...).
- **Los dados de la amistad**
  Elaborad varios dados con mini retos de amistad (dar un abrazo a su amigo, indicar cuántos años tiene su mejor amigo, etc.).
  No olvidéis dar los retos bajo la forma:
  es necesario...
  tienes que...
- **El muro del amigo imaginario**
  Escribe una frase en las que defines la amistad.
  Soy tu amigo para que...

3 Es el día D.

Los alumnos se dividen en tres grupos.

- Jugad a la ruleta y a los dados de la amistad.
- Pegad las frases para "El muro del amigo imaginario" en la pared o en la pizarra.
  Leedlas y ordenadlas según los temas.
  ¿Qué visión de la amistad es mayoritaria?

<u>Lors de la conception et mise en œuvre des activités, utilisez</u> :

- le lexique des loisirs (p. 140)
- le lexique des relations amicales (p. 141)
- le lexique des émotions et sensations (p. 141)
- les verbes du type *gustar* (p. 138)
- l'article neutre *lo* (p. 139)
- l'expression du but + subjonctif (p. 139)
- l'expression de la nécessité + infinitif (p. 138)

Le petit + !
Annoncez en français et en espagnol votre évènement sur l'ENT du collège.

Tomad notas aquí:

....
....
....
....
....
....
....
....
....
....

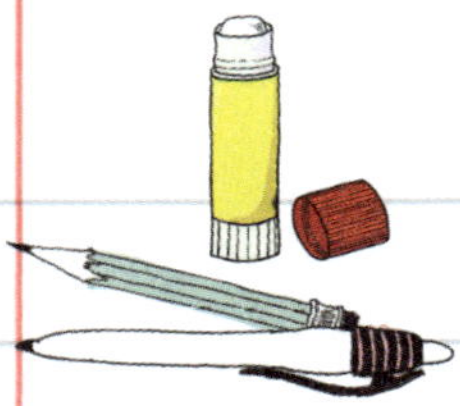

¿Algo más?

Ici, je peux prendre des notes ou coller des documents.

ÉVALUATIONS

Au terme de cette unité, ton/ta professeur(e) te distribuera les fiches pour **évaluer tes connaissances et tes compétences**.

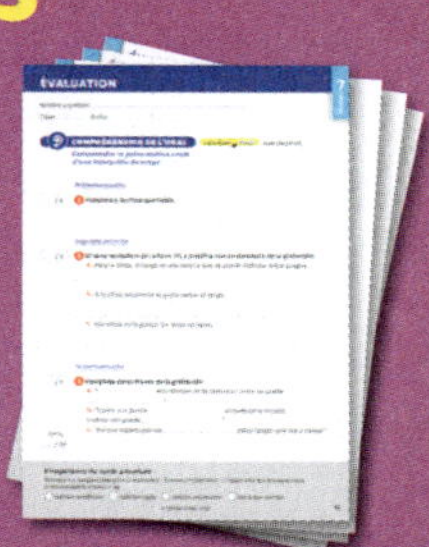

+ prof

Fiches et audio pour les évaluations

- Comprendre l'interview d'une interprète de tango.
- Compléter une infographie pour définir ce qu'est un véritable ami.
- Comprendre le portrait écrit de deux amis.
- Échanger sur le thème de l'amitié.

Lexique espagnol-français

a

a veces *loc.adv.* parfois
abrazar *v.* prendre dans les bras
acabar *v.* finir, terminer
acertar *v.* trouver
acostumbrarse *v.* s'habituer
adivinar *v.* deviner
afición *n.f.* hobby / passe-temps
aficionado,-a *adj.* passionné,-e / fan
agua *n.f.* eau
ahora *adv.* maintenant
alegre *adj.* joyeux,-euse
alegría *n.f.* joie
alto,-a *adj.* grand,-e
altura *n.f.* altitude
amigo,-a *n.* ami,-e
añadir *v.* ajouter
anciano,-a *adj./n.* âgé,-e / personne âgé,-e
antiguo,-a *adj.* ancien,-ne
apasionarse por *v.* se passionner pour
apetecer *v.* avoir/faire envie
apoyar *v.* soutenir
apretar *v.* appuyer
apuntar *v.* prendre des notes
arena *n.f.* sable
asustar *v.* effrayer, avoir peur
aterrorizar *v.* terroriser
atraer *v.* attirer
aula *n.f.* salle de classe
ayudar *v.* aider
azúcar *n.m.* sucre

b

bailar *v.* danser
baile *n.m.* danse
bajito,-a *adj.* petit,-e (de taille)
baloncesto *n.m.* basketball
bandera *n.f.* drapeau
barato,-a *adj.* bon marché
barco *n.m.* bateau
barrio *n.m.* quartier
beber *v.* boire
bolso *n.m.* sac
bosque *n.m.* forêt
bucear *v.* faire de la plongée
bueno,-a *adj.* bon,-ne / gentil,-le
buscar *v.* chercher

c

cabeza *n.f.* tête
calentamiento global *n.m.* réchauffement climatique
calle *n.f.* rue
calor *n.m.* chaleur / chaud
cama *n.f.* lit
camarero,-a *n.* serveur,-euse
cantante *n.* chanteur,-se
cantar *v.* chanter
cara *n.f.* visage
carne *n.f.* viande
caro,-a *adj.* cher,-ère
carretera *n.f.* route
carta *n.f.* lettre / carte (menu)
cartel *n.m.* affiche
casa *n.f.* maison
castigar *v.* punir
catarata *n.f.* cascade
celebrar *v.* fêter
cenar *v.* dîner
charlar *v.* discuter
ciudad *n.f.* ville
coche *n.m.* voiture
cocinar *v.* cuisiner
cocinero,-a *n.* cuisinier,-ère
código *n.m.* code
coger *v.* prendre
comer *v.* manger
compartir *v.* partager
confiar en (alguien) *v.* avoir confiance en (quelqu'un)
conocer *v.* connaître
conocimiento *n.m.* connaissance
consonante *n.f.* consonne
consumo *n.m.* consommation
contar con (alguien) *v.* compter sur (quelqu'un)
contestar *v.* répondre
convivir *v.* cohabiter
correo electrónico *n.m.* e-mail
cortar *v.* couper
costa *n.f.* côte
costumbre *n.f.* habitude
cruzar *v.* traverser / échanger
cuaderno *n.m.* cahier
cuadro *n.m.* tableau
cuánto,-a *adj./pron.* combien
cubierta *n.f.* couverture de livre
cuchara *n.f.* cuillère
cuenta *n.f.* compte / addition (restaurant)
cuidar (de) *v.* prendre soin (de)
curación *n.f.* guérison

d

dar *v.* donner
dar ganas *v.* donner/avoir envie
decir *v.* dire
dejar *v.* laisser
delgado,-a *adj.* mince
deporte *n.m.* sport
deportista *n.* sportif,-ive
derecha *n.f.* droite
desayunar *v.* prendre le petit-déjeuner
descansar *v.* se reposer
descubrir *v.* découvrir
desierto *n.m.* désert
después *adv.* après / ensuite
dibujar *v.* dessiner
dibujo *n.m.* dessin
dieta *n.f.* régime alimentaire
disfrutar (de) *v.* profiter (de)
divertido,-a *adj.* drôle
documental *n.m.* documentaire
doler *v.* avoir mal
dónde *adv.* où

e

echar de menos a *v.* manquer
ejercicio *n.m.* exercice
elegir *v.* choisir
empezar *v.* commencer
encantar *v.* adorer
encontrar(se) *v.* (se) trouver
enemigo,-a *n.* ennemi,-e
enfermedad *n.f.* maladie
enfermo,-a *adj./n.* malade
enterarse (de) *v.* se rendre compte (de)
entrada *n.f.* entrée
equipaje *n.m.* bagages
ensayar *v.* tester / répéter
escuchar *v.* écouter
escudo *n.m.* emblème / blason
esfuerzo *n.m.* effort
espalda *n.f.* dos
espantoso(a) *adj.* épouvantable / horrible

estación *n.f.* saison / gare
estar *v.* être
estrella *n.f.* étoile
estrés *n.m.* stress
estribillo *n.m.* refrain
extrañar *v.* manquer

f

falta *n.f.* manque
faltar (de) *v.* manquer (de)
famoso,-a *adj./n.* célèbre
frío *n.m.* froid
fuerza *n.f.* force

g

girar *v.* tourner
gordito,-a *adj.* enrobé,-e
grabar *v.* enregistrer
grado *n.m.* degré
gustar *v.* aimer

h

hablador,-a *adj.* bavard,-e
hablar *v.* parler
hacer *v.* faire
hambre *n.f.* faim
hasta *prep.* jusqu'à
hay *v.* il y a
herencia *n.f.* héritage
herida *n.f.* blessure
hispanohablante *adj./n.* hispanophone
hoja *n.f.* feuille
hoy *adv.* aujourd'hui
huella *n.f.* trace
huir *v.* fuir

i

idioma *n.m.* langue
impedir *v.* empêcher
incómodo,-a *adj.* mal à l'aise
increíble *adj.* incroyable
incrementar *v.* augmenter
indígena *adj./n.* autochtone
intentar *v.* essayer
invierno *n* hiver
ir *v.* aller
isla *n.f.* île
izquierda *n.f.* gauche

j

jugador,-a *n.* joueur,-se
jugar *v.* jouer
juguete *n.m.* jouet
juntar *v.* rassembler
juntos,-as *adj.* ensemble

l

lápiz *n.m.* crayon
legado *n.m.* héritage
levantarse *v.* se lever
llamar la atención *v.* attirer l'attention
llamar(se) *v.* (s')appeler
llegar *v.* arriver
llevarse (bien) *v.* bien s'entendre
llorar *v.* pleurer
llover *v.* pleuvoir
lluvia *n.f.* pluie
lugar *n.m.* lieu

m

malo,-a *adj.* mauvais,-aise / méchant,-e
mañana *adv./n.f.* demain / matin
mandar *v.* envoyer
mano *n.f.* main
mapa *n.m.* carte (géographique)
mar *n.m.* mer
más *adv.* plus
mascota *n.f.* animal de compagnie
médico,-a *n.* médecin
medio ambiente *n.m.* environnement
mediodía *n.m.* midi
mejor *adj./adv.* meilleur,-e / mieux
mejorar *v.* s'améliorer
menos *adv.* moins
mes *n.m.* mois
mezclar *v.* mélanger
miedo *n.m.* peur
mientras que *loc.* alors que
mirada *n.f.* regard
mirar *v.* regarder
mochila *n.f.* sac à dos
molestar *v.* gêner
molesto,-a *adj./n.* dérangeant,-e
muela *n.f.* dent / molaire
mural *n.m.* fresque (murale)

n

naturaleza *n.f.* nature
necesitar *v.* avoir besoin de
nevar *v.* neiger
nieto,-a *n.* petit-fils, petite-fille
nieve *n.f.* neige
noche *n.f.* soir / soirée / nuit
novela *n.f.* roman
novio,-a *n.* petit,-e ami,-e
nunca *adv.* jamais

o

ocio *n.m.* loisirs
ofrenda *n.f.* offrande
oír *v.* entendre
ojo *n.m.* œil
ola *n.f.* vague
oler *v.* sentir
olor *n.m.* odeur
olvidar *v.* oublier
orgullo *n.m.* fierté
orgulloso,-a *adj.* fier,-re
otoño *n.m.* automne

p

pagar *v.* payer
palabra *n.f.* mot / parole
palacio *n.m.* palais
papel *n.m.* papier / rôle
para *prép.* pour
pareja *n.f.* couple
pasado *adj./n.* passé
pasear *v.* se promener
patio *n.m.* cour
pecho *n.m.* poitrine
pedir *v.* demander de
peligro *n.m.* danger
peligroso,-a *adj.* dangereux,-se
pelo *n.m.* cheveux
pequeño,-a *adj.* petit,-e
periodista *n.* journaliste
perezoso,-a *adj./n.m* paresseux, -se
permitir *v.* permettre
piedra *n.f.* pierre
pintor,-a *n.* peintre
planear *v.* prévoir
poder *v.* pouvoir
poner *v.* mettre
por qué *loc.* pourquoi
porque *conj.* parce que
postre *n.m.* dessert
practicar deporte *v.* faire du sport
pregunta *n.f.* question
preguntar *v.* demander / poser une question
premio *n.m.* prix / récompense
primavera *n.f.* printemps
probar *v.* essayer / tester, goûter
prohibir *v.* interdire
proyecto *n.m.* projet
pueblo *n.m.* village / peuple

q

quedar con *v.* donner rendez-vous
quedarse *v.* rester
quejarse *v.* se plaindre
querer *v.* vouloir

r

receta *n.f.* recette / ordonnance
recordar *v.* se souvenir de
recuerdo *n.m.* souvenir
redes sociales *n.f.* réseaux sociaux
reflejar *v.* refléter
reír *v.* rire
relajarse *v.* se détendre
respuesta *n.f.* réponse
rezar *v.* prier
rodear *v.* entourer
roto,-a *adj.* cassé,-e
ruido *n.m.* bruit

s

saber *n.m./v.* savoir
sacar *v.* sortir
sacar fotos *v.* prendre en photo
salir *v.* sortir / partir
salud *n.f.* santé
saludable *adj.* sain,-e
salvaguardar *v.* sauvegarder
salvaje *adj.* sauvage
secreto *n.m.* secret
sed *n.f.* soif
seguidor,-a *n.* abonné,-e
seguir *v.* suivre / continuer
selva *n.f.* jungle / forêt
ser *v.* être
siempre *adv.* toujours
siglo *n.m.* siècle
silbar *v.* siffler
silbo *n.m.* sifflement
silvestre *adj.* sauvage
sobre *prép.* sur
sol *n.m.* soleil
soler *v.* avoir l'habitude de
sombra *n.f.* ombre
soplar *v.* souffler
soprendido,-a *adj.* surpris,-ise
sostenible *adj.* durable
subir *v.* monter / mettre en ligne
subrayar *v.* souligner / surligner

t

tachar *v.* rayer
también *adv.* aussi
tarde *n.f.* après-midi
tener *v.* avoir
tocar *v.* toucher
tocar un instrumento *v.* jouer d'un instrument
traer *v.* apporter
tumbarse *v.* s'allonger

u

último,-a *adj.* dernier,-ère
usar *v.* utiliser

v

valorar *v.* valoriser
vecino,-a *adj./n.* voisin,-ne
ventaja *n.f.* avantage
ver *v.* voir
verano *n.m.* été
verdadero,-a *adj.* vrai,-e
verdura *n.f.* légume
vez *n.f.* fois
viajar *v.* voyager
viaje *n. m* voyage
viento *n.m.* vent
vivo,-a *adj.* vif,-ve
vocal *n.f.* voyelle
vocalizar *v.* articuler
volver a casa *v.* rentrer à la maison

Lexique français-espagnol

a

à côté de junto a *loc.prép.*
adorer encantar *v.*
affiche cartel *n.m.*
âgé,-e mayor *adj.*
aide ayuda *n.f.*
aider ayudar *v.*
aimer gustar *v.*
ajouter añadir *v.*
aller ir *v.*
altitude altura *n.f.*
ami,-e amigo,-a *n.*
an / année año *n.m.*
ancien,-ne antiguo,-a *adj.*
animal de compagnie mascota *n.f.*
anniversaire cumpleaños *n.m.*
appartement piso *n.m.*
appeler (téléphone) llamar (por teléfono) *v.*
apporter traer *v.*
après-midi tarde *n.f.*
arbre árbol *n.m.*
archipel archipiélago *n.m.*
argent dinero *n.m.*
arriver llegar *v.*
attirer atraer *v.*
attirer l'attention llamar la atención *v.*
augmenter aumentar *v.*
aujourd'hui hoy *adv.*
automne otoño *n.m.*
avantage ventaja *n.f.*
avis opinión *n.f.*
avec con *prép.*
avoir tener *v.*
avoir besoin de necesitar *v.*
avoir confiance en (quelqu'un) confiar en (alguien) *v.*
avoir l'habitude de soler *v.*
avoir mal doler *v.*

b

bagages equipaje *n.m.*
barrière barrera *n.f.*
bateau barco *n.m.*
bavard,-e hablador,-a *adj.*
bien s'entendre llevarse bien *v.*
bois madera *n.f.*
bon marché barato,-a *adj.*
bon,-nne bueno,-a *adj.*
bras brazo *n.m.*
bruit ruido *n.m.*

c

cahier cuaderno *n.m.*
carte tarjeta *n.f.*
carte géographique mapa *n.m.*
cassé,-e roto,-a *adj.*
ce, cette este,-a *adj.*
célèbre famoso,-a *adj.*
ces estos,-as *adj.*
champion,-ne campeón,-ona *n.*
chanson canción *n.f.*
chant canto *n.m.*
chanter cantar *v.*
chanteur,-se cantante *n.*
cher,-ère caro,-a *adj.*
chercher buscar *v.*
cheveux pelo *n.m.*
choisir elegir *v.*
combien cuánto-a, cuántos-as *adj./pron.*
comme como *adv.*
commencer empezar *v.*
comment cómo *adv.*
commentaire comentario *n.m.*
communiquer comunicar(se) *v.*
compréhension comprensión *n.f.*
compte cuenta *n.f.*
compter sur (quelqu'un) contar con (alguien) *v.*
connaître conocer *v.*
consommation consumo *n.m.*
consonne consonante *n.f.*
continuer seguir *v.*
corps cuerpo *n.m.*
couper cortar *v.*
couple pareja *n.f.*
crayon lápiz *n.m.*
créer crear *v.*

d

d'abord primero *adv.*
dangereux,-se peligroso *adj.*
danse baile *n.m.*
danser bailar *v.*
date fecha *n.f.*
découvrir descubrir *v.*
degré grado *n.m.*
demain mañana *adv.*
demander pedir *v.*
demander (question) preguntar *v.*
démodé,-e pasado,-a de moda *adj.*
dénoncer denunciar *v.*
dérangeant,-e molesto,-a *adj.*
dernier,-ère último,-a *adj.*
désert desierto *n.m.*
dessert postre *n.m.*
dessin dibujo *n.m.*
dessiner dibujar *v.*
destination destino *n.m.*
détruire destruir *v.*
deuxième segundo,-a *adj.*
deviner adivinar *v.*
devoirs deberes *n.m.pl.*
dîner cenar *v.*
dire decir *v.*
discuter charlar *v.*
documentaire documental *n.m.*
doigt dedo *n.m.*
donner dar *v.*
donner envie dar ganas *v.*
dos espalda *n.f.*
douleur dolor *n.m.*
drapeau bandera *n.f.*
droite derecha *n.f.*
drôle divertido,-a *adj.*

e

eau agua *n.f.*
école escuela / colegio *n.*
écologiste ecologista *adj./n.*
écouter escuchar *v.*
écrire escribir *v.*
effort esfuerzo *n.m.*
effrayer asustar *v.*
e-mail correo electrónico *n.m.*
emblème escudo *n.m.*
empêcher impedir *v.*
enfant niño,-a / hijo,-a *n.*
ennemi,-e enemigo,-a *n.*
ensemble juntos,-as *adj.*
entendre oír *v.*
entrée entrada *n.f.*
environnement medio ambiente *n.m.*
envoyer mandar *v.*
équipe equipo *n.m.*

espagnole,-e español,-a *adj./n.*
essayer intentar *v.*
été verano *n.m.*
étoile estrella *n.f.*
être ser / estar *v.*
exercice ejercicio *n.m.*

f

faim hambre *n.f.*
faire hacer *v.*
faire du sport practicar deporte *v.*
faire les devoirs hacer los deberes *v.*
faune fauna *n.f.*
fêter celebrar *v.*
feuille hoja *n.f.*
fier,-ère orgulloso,-a *adj.*
fierté orgullo *n.m.*
fleur flor *n.f.*
flore flora *n.f.*
fois vez *n.f.*
force fuerza *n.f.*
forêt bosque / selva *n.*
français,-e francés,-esa *adj.*
fresque (murale) mural *n.m.*
froid frío *n.m.*
fruit fruta *n.f.*
fuir huir *v.*

g

gauche izquierda *n.f.*
gêner molestar *v.*
gentil,-le bueno,-a *adj.*
goûter probar *v.*
grand,-e alto,-a *adj.*
grippe gripe *n.f.*
guérir curarse *v.*
guérison curación *n.f.*

h

habiter vivir *v.*
habitude costumbre *n.f.*
héberger hospedar *v.*
héritage herencia / legado *n.*
hispanophone hispanohablante *adj./n.*
hiver invierno *n.m.*

i

il y a hay *v.*
île isla *n.f.*
image imagen *n.f.*
inconvénient inconveniente *n.m.*
incroyable increíble *adj.*
interdire prohibir *v.*

j

jamais nunca *adv.*
jambe pierna *n.f.*
jambon jamón *n.m.*
jeu vidéo videojuego *n.m.*
joie alegría *n.f.*
jouer jugar *v.*
jouer d'un instrument tocar un instrumento *v.*
jouet juguete *n.m.*
joueur,-se jugador,-a *n.*
journaliste perdiodista *n.*
joyeux,-euse alegre *adj.*
jungle selva *n.f.*
jury jurado *n.m.*
jusqu'à hasta *prép.*

l

laisser dejar *v.*
langue lengua / idioma *n.*
lecture lectura *n.f.*
légume verdura *n.f.*
lettre carta / letra *n.f.*
lieu lugar *n.m.*
ligne línea *n.f.*
lire leer *v.*
lit cama *n.f.*
livre libro *n.m.*
loin lejos *adv.*

m

madame señora *n.f.*
main mano *n.f.*
maintenant ahora *adv.*
maison casa *n.f.*
mal des montagnes soroche *n.m.*
malade enfermo,-a *adj./n.*
maladie enfermedad *n.f.*
mammifère mamífero *n.m.*
manger comer *v.*
manque falta *n.f.*
manquer echar de menos a / extrañar a *v.*
manquer (de) faltar (de) *v.*
marcher andar, caminar *v.*
matin mañana *n.f.*
mauvais,-aise malo,-a *adj.*
méchant,-e malo,-a *adj.*
médecin médico,-a *n.*
médicament medicamento *n.m.*
meilleur,-e mejor *adj.*
mélanger mezclar *v.*
menacer amenazar *v.*
mer mar *n.m.*
merveilleux,-se maravilloso,-a *adj.*
mettre poner *v.*
midi mediodía *n.m.*
mieux mejor *adj./adv.*
mois mes *n.m.*
monsieur señor *n.m.*
montagne montaña *n.f.*
mot palabra *n.f.*
moyen medio *n.m.*

n

nature naturaleza *n.f.*
naviguer navegar *v.*
neige nieve *n.f.*
neiger nevar *v.*
nombre número *n.m.*
nuage nube *n.f.*

o

odeur olor *n.m.*
œil ojo *n.m.*
offrande ofrenda *n.f.*
orage tormenta *n.f.*
ordinateur ordenador *n.m.*
où dónde *adv.*

p

page página *n.f.*
palais palacio *n.m.*
papier papel *n.m.*
par por *prép.*
paradisiaque paradisíaco,-a *adj.*
parce que porque *conj.*
paresseux,-se perezoso,-a *adj./n.*
parfois a veces *loc.adv.*
parler hablar *v.*
partager compartir *v.*
participer (à) participar (en) *v.*
partir salir *v.*
passé pasado *adj./n.*
passion afición *n.f.*
passionné,-e aficionado,-a *adj.*
patrimoine patrimonio *n.m.*
payer pagar *v.*
peintre pintor,-a *n.*
permettre permitir *v.*
petit,-e pequeño,-a *adj.*
petit,-e (de taille) bajito,-a *adj.*
petit,-e-fils, fille nieto,-a *n.*
peuple pueblo *n.m.*
peur miedo *n.m.*
phrase frase *n.f.*
plat plato *n.m.*
pleurer llorar *v.*
pleuvoir llover *v.*
pluie lluvia *n.f.*
poème poema *n.m.*

poisson pez (*vivant*), pescado (*aliment*) *n.m.*
porter llevar *v.*
pour para *prép.*
pourquoi por qué *loc.*
pouvoir poder *v.*
préférer preferir *v.*
premier,-ère primero,-a *adj.*
prendre coger / tomar *v.*
prendre dans les bras abrazar *v.*
prendre en photo sacar fotos *v.*
prendre le petit déjeuner desayunar *v.*
prendre soin (de) cuidar (de) *v.*
prévoir planear *v.*
printemps primavera *n.f.*
prix precio / premio *n.m*
profiter disfrutar *v.*
publier publicar *v.*
punir castigar *v.*

q

quartier barrio *n.m.*
quelque chose algo *pron.*
quelqu'un alguien *pron.*
question pregunta *n.f.*

r

réchauffement climatique calentamiento global *n.m.*
récompense premio *n.m.*
refléter reflejar *v.*
refrain estribillo *n.m.*
regard mirada *n.f.*
regarder mirar *v.*
régime alimentaire dieta *n.m.*
rentrer volver *v.*
répondre responder / contestar *v.*
réponse respuesta *n.f.*
requin tiburón *n.m.*
réseaux sociaux redes sociales *n.f.pl.*
réservé, e (caractère) callado,-a *adj.*
respect respeto *n.m.*
respecter respetar *v.*
respecteux,-euse respetuoso,-a *adj.*
rester (à/ au) quedarse (en) *v.*
rire reír *v.*
rôle papel, rol *n.m.*
roman novela *n.f.*
route carretera *n.f.*
rue calle *n.f.*

s

sac bolso *n.m.*
sac à dos mochila *n.f.*
sain,-ne sano,-a / saludable *adj.*
saison estación *n.f.*
s'allonger tumbarse *v.*
s'améliorer mejorar *v.*
sans sin *prép.*
santé salud *n.f.*
sauvage salvaje / silvestre *adj.*
sauvegarder salvaguardar *v.*
savoir saber *v.*
se détendre relajarse *v.*
se donner rendez-vous quedar *v.*
se lever levantarse *v.*
se plaindre quejarse *v.*
se promener pasear *v.*
se rendre compte enterarse / darse cuenta *v.*
se reposer descansar *v.*
se sentir sentirse *v.*
se souvenir de recordar *v.*
secret secreto *n.m.*
secret secreto *n.m.*
sentiment sentimiento *n.m.*
s'entraîner entrenar *v.*
serveur camarero,-a *n.*
servir (à) servir (para) *v.*
s'habituer acostumbrarse *v.*
siècle siglo *n.m.*
siffler silbar *v.*
s'il te plaît, s'il vous plaît por favor *loc.*
sincère sincero,-a *adj.*
s'inquiéter (pour/ de) preocuparse (por) *v.*
soif sed *n.f.*
soigner curar *v.*
soir noche *n.f.*
soleil sol *n.m.*
sortir salir / sacar *v.*
souffler soplar *v.*
souligner subrayar *v.*
soutenir apoyar *v.*
sport deporte *n.m.*
sportif,-ive deportista *n.*
stress estrés *n.m.*
sucre azúcar *n.m.*
suivre seguir *v.*
surpris,-ise soprendido,-a *adj.*
symbole símbolo *n.m.*

t

tableau cuadro *n.m.*
terroriser aterrorizar *v.*
tester probar *v.*
tête cabeza *n.f.*
titre título *n.m.*
toucher tocar *v.*
toujours siempre *adv.*
tourner girar *v.*
trace huella *n.f.*
train tren *n.m.*
tranquille tranquilo,-a *adj.*
travailler trabajar *v.*
traverser cruzar *v.*
triste triste *adj.*
trouver encontrar / acertar *v.*

u

utile útil *adj.*
utiliser usar *v.*

v

vague ola *n.f.*
valise maleta *n.f.*
village pueblo *n.m.*
ville ciudad *n.f.*
violence violencia *n.f.*
vivre vivir *v.*
voir ver *v.*
voisin,-ne vecino,-a *adj./n.*
voiture coche *n.m.*
vouloir querer *v.*
voyage viaje *n.m.*
voyager viajar *v.*
vrai,-e verdadero,-a *adj.*

p. 109

Références iconographiques

Couverture md Franck Charton/hemis.fr; **bm** Nicholas Tinelli/Alamy Stock Photo; **bg** ©Marco Bottigelli/Moment/ Gettyimages; **mm** helenaak/Istock; **bd** ibrahim/AdobeStock; **9, 6 g, 1** Marcela Peraz; **10 hg** @Darena22, 2022; **12 hg** Javier Soriano/AFP; **14 hg** ©Periko: Periko Publishing, Jessi: Jessi León Publishing; **15 hd** Daniel Schwen, https://creativecommons.org/licenses/by-sa/4.0/deed.en; **hm** Allard Schmidt (The Netherlands), https://creativecommons.org/licenses/by-sa/3.0/deed.en; **md** https://www.parquesnacionales.gov.co/portal/es/parques-nacionales/parque-nacional-natural-chiribiquete/ Ministerio de Ambiente de Colombia, https://creativecommons.org/licenses/by-sa/4.0/deed.en; **16 hg** ©VisitValencia; **mg** kobby_dagan/123rf; **bg** Rodrigo Cruz; **17 m2** Gerhard1302/AdobeStock; **m6** Sergey Ryzhov/AdobeStock; **m3** Philippe Fauvel, https://creativecommons.org/licenses/by-sa/3.0/deed.en; **m5** Pacificbluefilm, https://creativecommons.org/licenses/by-sa/4.0/deed.en; **22 hd** photo ©Farisori/Wikimedia/Jorge González Camarena, detalle mural "Presencia de América Latina", 1964-65 © Adagp, Paris, 2022; **23 hm** Steffen Prößdorf, https://creativecommons.org/licenses/by-sa/4.0/deed.en; **bg** Cintxa, https://creativecommons.org/licenses/by-sa/2.5/deed.en; **bd** Moyan Brenn, https://creativecommons.org/licenses/by/2.0/deed.en; **29, 6, 9 2, d1** Soloviova Liudmyla/Shutterstock; **30 hg** ©José Luís Pagador Ponce; **31 mg** Uniplaces; **32 hg** Marta Muñoz Iriarte/IriHouse; **md** "La tortilla de patata perfecta", Mikel López Iturriaga, El Comidista ©El País; **33 md** Damaso Vélez Alonso, La cocina de Masito; **34 hg** Bar Restaurante Rufo; **35 hd** Jorge Fernández Salas/Unsplash; **hm** narvikk/Istock; **mm** peresanz/AdobeStock; **bm** Mistervlad/AdobeStock; **36 md** "Dieta Mediterránea", Gobierno de España, Ministerio del Medio Ambiente y Medio Rural y Marino, alimentación.es, "Saber más para comer mejor", 2012; **37 hd** Ainaragm Diseño Gráfico, ainaragm.es; **42 hd** Photo ©Museum of Modern Art New York/ Superstock/Aurimages/© Successió Miró/Adagp, Paris, 2022; **bd** IES Pablo Sarasate, Lodosa, Navarra; **43 hd** MasterChef © Shine Iberia/RTVE; **49, 6, 9 3, d2** CHARTON Franck/hemis.fr; **50 hg** Via Sana Bolivia; **52 hg** © Infobae; **53 md** Arid Ocean/AdobeStock; **54 hg** Cadi Inti Watana; **55 md** "Qué es la Pacha Mama y por qué es tan importante?", 1/09/2019 © TELESUR; **56 md** Gobernación de Cochabamba; **hg** CNTV Infantil; **57 md** Centro de la Revolución Cultural; **62 hd** Título: "Pachamama" ("Madre tierra" en español), Autor: Rosmery Mamani Ventura, Técnica: Óleo/ tabla, Dimensión: 100x80cm; **63 hd** Via Sana Bolivia; **69, 6, 9 4, d3** Gonzalo Azumendi; **71 hd** Lara Romero Guerrero; **72 hg** © Canal Sur; **73 md** Centro Información Juvenil Antequera; **74 hg** Recorrido del Tren Al Andalus-RENFE; **75 hd** Aranami/AdobeStock; **md** SCStock/AdobeStock; **75 bd** pillerss/Adobe Stock; **76 hd** Patronato de la Alhambra y Generalife; **77 md** Susaeta Ediciones; **82 hd** © Senado de España; **bd** Photo © Museo Nacional del Prado, Dist. RMN-GP/image du Prado; **83 hd** Esther Ramos Rodriguez/alua.es; **89, 6, 9 5, d4** © Carlos Hiller; **90 mg** Pura Vida Blog Viajes; **bg** The Sloth Conservation Foundation, slothconservation.org; **mm** Suzi Eszterhas/Minden Pictures/Biosphoto; **91 md** SaliVit/Shutterstock; **92 hg** PNUD Costa Rica; **93, 102 md** © Kamel González Rojas Boruca; **95 mg** Puravida.com; **96 hg** Andrés Berrocal/Okeanos Agressor/campaña nacional del MINAE apoyada por Conservación Internacional Costa Rica, https://www.conservation.org/costa-rica; **97** Amelia Rueda; **103 hd** Fundación Ambiente & Medio, www.fundacionambienteymedio.org; **109, 6, 9 6, d5** Bernard MARGOTTON di Romain, "El Silbo Gomero", 2015 © Adagp, Paris, 2022; **110 hg** Sara Jotabé; **112 bm** Kordas; **113 mg** ©Sephko Comics by Gojko Franulic; **114 hd** TURESPAÑA; **m** Mysid; **114, 115 mm, md** Gobierno de Canarias; **116 hg** Fotografía: Antonio Martínez Castaño © 2008, by Gouvernement des Canaries; **116, 117 hd** Fremantle; **119 md** Kike Lucas/Revista Viajar; **122 hm** Photo © Collection Christophel/Prisma/raga jose fuste/César Manrique, "Juguete del viento" ©Adagp, Paris, 2022; **hd** ©Oscar Torres; **bd** Cabildo Histórico de Tenerife en sede.tenerife.es; **123 hg** "Yaiza en el Rubicón", Laura Escuela y Diego G. Reinfeld, ilustradora Namere Melián, 2020, Ayuntamiento de Yaiza; **129, 6, 9 7, d6** "Tanguería", autor Diego Manuel Rodriguez (argentino) acrílico sobre lienzo, 90 x 65 cm, 2011; **130 hg** « L'Été à Cielo Grande », "Cielo Grande", 2022, Pilar Pascual, Abril di Yorio, Collection ChristopheL ©Non Stop/Netflix; **132 hg** © Nik; **133 md** Voices Consultancy/Encuesta Win, https://winmr.com/; **135 md** Cortesía de © Editorial Planeta, S.A.; **136** Nous remercions Vanesa Reuter pour la réalisation de la vidéo et Solana et Lautaro, danseurs; **142 hd** Antonio Berni, "New Chicago Athletic Club", 1934, MOMA, Nueva York © Luis Emilio De Rosa, Digital image © 2023, The Museum of Modern Art/Scala, Florence; **143 hg** Ministerio de Educación de la Nación Argentina.

Freepik: couverture: mhg, mbg, 4, 12hd, 13md, 17m, 17bm, 17m4, 23md, 33mg, 34hm, 35md, 35bd, 52 hg, 53mg, 72hd, 76mg, 90hg, 94g, 95mm, 111md, 114hg, 131m

Eléments maquette: 9hd, 17hd, 18bg Freepik; 22 hg FabrikaCr/Istock ; 24 hg Afanasia/AdobeStock ; 27 bm Francois Poirier/AdobeStock

Références texte

12 "Un día en la vida de Carlos Alcaraz: la sensación del tenis mundial" por Nico Quércia, 29/04/2022, bolamarilla.com; **30** "El diario naranja de Carlota", 2011 © Gemma Lienas; **36** © Diario El Universo y www.eluniverso.com; **42** IES Pablo Sarasate, Lodosa, Navarra, DR; **50** Ramón Peláez, "Cosas de gringos", 2016, publicado en "Antología del cuento Boliviano", Manuel Vargas Severiche Antologador, Vicepresidencia del Estado Plurinacional; **54** Biblioteca virtual de Pueblos Indígenas /Universidad Mayor de San Andrés; **70** Herederos Alejandro Casona; **72** Gustavo Adolfo Bécquer; **74** Fernando Baquero © magellanmag.com; **76** Granada Direct; **82** Federico García Lorca; **94 B** ©Anacristina Rossi; **A** El Colectivo 506; **102** Adaptado de "Un paseo por mi planeta", Erick Oyervides, DR; **111** Revista El Jueves; **112** Marcel Guinot, DR; **116** © DidiEight, DR; **122** Domingo González Frías, DR; **123** "Yaiza en el Rubicón", Laura Escuela y Diego G. Reinfeld, 2020 (Lanzarote), Ayuntamiento de Yaiza; **131** Stella Bin © redaccion.com.ar; **132** DR; **136** Luciano Andreychuk, El Litoral, 28/08/2022; **142** © Ester Trozzo.

Références audio

56 "Fabricio, un niño kallawaya - Pichintún Latinoamérica", CNTV Infantil, 4/09/2022; **82** Federico García Lorca; **102** Adaptado de "Un paseo por mi planeta", Erick Oyervides, DR; **122** Domingo González Frías, DR; **135** Constanza Galvan.

Références vidéo

14 "Somos latinos", 2017, Periko: Periko Publishing, Jessi: Jessi León Publishing/Dish Latino; **16** "UnidosXelPatrimonio - celebremos el patrimonio cultural y la diversidad", 31/03/2017, Unesco Etxea, tropofilms.com by Edu Glez; **32** "La tortilla de patata perfecta", Mikel López Iturriaga, El Comidista © El País; **35** "Visita gastronómica por Barcelona", Journal, DW Español, 7/03/2014, DR; **36** "Dieta Mediterránea", Gobierno de España, Ministerio del Medio Ambiente y Medio Rural y Marino, alimentación.es, "Saber más para comer mejor", 2012; **72, 76** © Canalsur; **91** "Símbolos Nacionales: El Escudo Nacional", Municipalidad de Heredia, 2021; **96** "Isla del Coco - La isla MISTERIOSA del Pacífico", Incognitados, 17/09/2019, DR; **103** "Costa Rica: Un verdadero paraíso de biodiversidad", Fundación Ambiente & Medio, www.fundacionambienteymedio.org, 2019; **114** "La vuelta al mundo en 8 islas", 2021, IslasCanariasOficial/Gobierno de Canarias; **116 117** "Got Talent", España, Fremantle; **134** "Argentina es Diversidad", 28/10/2017, Expo 2023 Buenos Aires; **136** Nous remercions Vanesa Reuter pour la réalisation de la vidéo et Solana et Lautaro, bailarines; **136** « LIBERTANGO », Musique de Astor Piazzolla © 1975 Eleven Music Company S R L et Curci Edizioni S R L (Milano). Avec l'aimable autorisation de Curci France. « LIBERTANGO », Interprété par Astor Piazzolla, © Carosello Records. Avec l'aimable autorisation de Curci France.

Nous tenons à remercier Marc, Rosó, María, Ruth, Juan, Cristelle, Daniela, Pascale, Enrique, Delia, Elena, Nico, Lucho, Noelia pour leur participation aux enregistrements.

España

● capital de autonomía

• capital de provincia

0 200 km

España

América Latina

Édition et coordination : Inés Alonso
Création graphique couverture : Cécile Chaumet
Création graphique intérieure et mise en page : Cécile Chaumet
Recherche iconographique et droits : María Mora

Illustrations : Delia Tello (vocabulaire, grammaire), Lara Romero

Enregistrements : Texto Directo

ISBN : 978-2-278-10590-8

PAPIER À BASE DE FIBRES CERTIFIÉES

éditions didier s'engage pour l'environnement en réduisant l'empreinte carbone de ses livres. Celle de cet exemplaire est de :
1.1 kg éq. CO_2
Rendez-vous sur www.editionsdidier-durable.fr

Achevé d'imprimer en Italie par L.E.G.O. S.p.A. - Lavis (TN)
Dépôt légal : 10590-8/01 - Avril 2023